Ludwig Stein

Die Willensfreiheit und ihr Verhältniss zur göttlichen Präscienz

und Providenz bei den jüdischen Philosophen des Mittelalters

Ludwig Stein

Die Willensfreiheit und ihr Verhältniss zur göttlichen Präscienz
und Providenz bei den jüdischen Philosophen des Mittelalters

ISBN/EAN: 9783743321007

Hergestellt in Europa, USA, Kanada, Australien, Japan

Cover: Foto ©ninafisch / pixelio.de

Manufactured and distributed by brebook publishing software (www.brebook.com)

Ludwig Stein

Die Willensfreiheit und ihr Verhältniss zur göttlichen Präscienz

DIE
WILLENSFREIHEIT

UND IHR

VERHÄLTNISS ZUR GÖTTLICHEN PRÄSCIENZ UND PROVIDENZ

BEI DEN

JÜDISCHEN PHILOSOPHEN DES MITTELALTERS.

Theil I.

Inaugural-Dissertation
zur
Erlangung der philosophischen Doctorwürde
bei der
hochlöblichen philosophischen Facultät
der
Kgl. Preussischen vereinigten Friedrichs-Universität
Halle-Wittenberg
eingereicht von
Ludwig Stein.

HALLE.
1881.

Meinen theuern Eltern.

Vorwort.

Die jüdische Religionsphilosophie ist erst durch die grundlegenden Arbeiten des Prof. Sal. Munk zu wissenschaftlicher Bedeutung und Anerkennung gelangt. Nach dem Bekanntwerden der glücklichen Entdeckung Munk's, dass der den Scholastikern so wohlbekannte und von ihnen vielfach citirte Avicebron mit dem gefeierten jüdischen Dichter Salomo ibn Gabirol identisch ist, lenkte sich in den Fachkreisen die allgemeine Aufmerksamkeit immer mehr und mehr auf die so lang verkannte und unterschätzte jüdische Religionsphilosophie des Mittelalters. Seit dieser Zeit haben zahlreiche, zum Theil recht hervorragende Gelehrte wie Joel, Renan, Dernbourg, Saisset, Kaufmann, Schmiedl u. A. dieses von Munk urbar gemachte Feld mit geringerem oder grösserem Erfolg bearbeitet. Es kann daher keineswegs für ein Ueberschreiten der von der Wissenschaft zugestandenen Grenze gelten, wenn wir eine Frage, die zu den lärmschlagenden und meistbesprochenen unter den jüdischen Philosophen oder besser Religionsphilosophen nicht nur, sondern auch in den muhammedanischen und christlich-scholastischen Kreisen gehörte, aus der jüdischen Scholastik herausgreifen, um sie in ihrem Entwicklungsgange zu verfolgen und auf ihre Quellen zurückzuführen. Dass aber die

Frage nach der menschlichen Willensfreiheit und der nothwendig mit ihr zusammenzubehandelnden göttlichen Präscienz und Providenz in der gesammten Scholastik einen hervorragenden Platz einnimmt, ist Jedem, der auch nur halbwegs mit der mittelalterlichen Philosophie vertraut ist, wohlbekannt.

Der Arbeit liegt vor Allem das Bestreben zu Grunde, den Entwickelungsgang der Willensfreiheitsfrage bei den jüdischen Religionsphilosophen, in allen seinen Phasen zu verfolgen, wozu auch allenfalls eine eingehendere Beschäftigung mit der Präscienz- und Providenzfrage gehört, um dadurch ein möglichst getreues Gesammtbild von dieser einen, vielleicht der schwierigsten Parthie der jüdischen Scholastik zu gewinnen. Ich will mit dieser Monographie den Anfang zu einer Serie von Monographieen über die verschiedenen Hauptpunkte der jüdischen Scholastik gemacht haben — vorausgesetzt, dass ich dem ungeheuren, zuweilen abstrusen Stoff gewachsen sein werde.

Der Plan, nach dem ich diese Abhandlung angelegt habe, ergiebt sich aus dem Thema von selbst; die blosse Angabe des Titels erspart mir also jede weitere Dispositionsangabe.

Der Verfasser.

Curriculum vitae.

Natus sum anno 1859 in Hungaria. Quatuor classibus Gymnasii evangelici Pápae, urbis Hungariae absolutis, Sáros Patak, urbem Hungariae veni, et Gymnasium hujus urbis per duos annos frequentavi. Parentibus meis in Amstelodamum urbem profectis, in Atheneo illustri Amstelodamensi lectiones linguae latinae et graecae clarissimi professoris Naber per annum audivi.

Perfectis studiis, maturitatis causa Gymnasium Zuollane per annum frequentavi, quo cum laude dimissus sum. In Friederica Guilelma Berolinensi per tres annos operam dedi philosophiae et philologiae orientali, quo tempore professores illustres atque spectatissimos Zeller, Harms, Lasson, Magnus, Dambach, Barth, Praetorius et Sachau, quibus gratias summas ago, audivi et opusculum „Die Juden in Abessynien (Falaschas)" edidi

Ludovicus Stein.

Den Reigen der jüdischen religionsphilosophischen Litteraten eröffnet eine Lichtgestalt, deren Geistesstrahlen die Judenheit aus der dumpfen Lethargie, in die ihr Geist seit dem Abschlusse des Talmuds verfallen war, zu intensiver Thätigkeit und Betheiligung an den Wissensgebieten der damaligen Zeitbildung geweckt hat; es ist dies der Gaon Saadia b. Joseph al-Fajjumi, aus der Stadt Fajjum in Oberägypten (geb. 892, gest. 942). Er hat mit seinem religionsphilosophischen Werke Emunoth Wedeoth[1]), uns in der Uebersetzung des Juda ibn Tibbon bekannt, zuerst unter den Rabbaniten die Philosophie in die jüdische Litteratur eingeführt und ihr da einen ehrenvollen Platz angewiesen, den sie trotz der heftigsten und mannigfachsten Aufeindungen der Uebereiferer, die in ihr den Verderb des alten Judenthums erblickten, fünf Jahrhunderte lang glänzend behauptet hat.

Je primitiver das philosophische Bildungsstadium der damaligen Zeit war, und einen je einseitiger-islâmitischen Character das damalige arabische Philosophiren hatte, desto mehr verdient ein Mann unsere ungetheilte Bewunderung,

---

[1]) Der arabische Text lautet كتاب الامانات والاعتقادات. Vgl. Munk, Notice sur Saadia Gaon, p. 16. Ueber Saadia's Leben und Wirken vgl. Grätz Geschichte der Juden V. S. 302 ff. und Note 20.

der von dem schweren Alpdruck fanatischer Voreingenommenheit sich befreiend, in seinem Emunoth Wedeoth auf der Basis der herrschenden zeitphilosophischen Anschauungen ein religionsphilosophisches System entwickelt hat, das für die Scholastik des jüdischen Mittelalters von geradezu grundlegender Bedeutung geworden ist. Seiner philosophischen Richtung nach gehört Saadia zu den Mûtaziliten, den Rationalisten im Islâm, ohne jedoch sich von ihnen derart beeinflussen zu lassen, dass er ihnen seine Selbstständigkeit irgendwie zum Opfer gebracht hätte.

Zum besseren Verständniss der Quellen Saadia's und der Karäer und der auf sie folgenden und sich an sie anschliessenden jüdischen Religionsphilosophen, müssen wir, ehe wir an das eigentliche Thema herangehen, eine kurze Skizze der über die Willensfreiheit herrschenden Anschauungen im Islâm vorausschicken. Die starre Prädestinationstheorie des Korân[2]), welche den vom Hause aus absolut fatalistischen Neigungen[3]) der Araber vollkommen entsprach, konnte aus dem Grunde nicht zur vollen Geltung und Anerkennung gelangen, weil sich im Korân unverkennbare Spuren, ja sogar einige, wenn auch leise Andeutungen auf die menschliche Willensfreiheit unleugbar vorfinden[4]), wodurch sich schon frühzeitig, ja

---

[2]) Mit welcher Entschiedenheit Muhammed den Prädestinationsglauben vertrat, beweist die Antwort بل شىء, قضى عليهم ومضى عليهم, die Muhammed auf eine dahingehende Frage, ob die menschlichen Handlungen vorherbestimmt seien, gegeben hat. Vgl. Salisbury im Journal of the American Oriental Society. T. VIII, p. 129.

[3]) Salisbury l. c. p. 106 sagt darüber: But what concerns us most is the presentation of evidence of the fact that the early arabs were fatalists. Es ist hier nämlich von der vormuhammedanischen Zeit (Ğahilīja) die Rede.

[4]) Wenn Salisbury leugnet, dass Muhammed die Wahlfreiheit

noch bei Lebzeiten Muhammeds eine gewisse Skepsis in Bezug auf die Vereinbarkeit der göttlichen Prädestination mit der menschlichen Willensfreiheit herausgebildet hat, die für Muhammed um so gefahrdrohender war, als der Glaube an die Göttlichkeit des Korân anfänglich noch sehr illusorisch war; und es musste sich daher Muhammed in seinen reiferen Jahren zu einer vollständigen Leugnung der Freiheit bekennen, wollte er nicht den Boden unter seinen Füssen schwinden sehen.

Dieses Abschwören früherer Behauptungen konnte die Hellersehenden und nicht durch blinden Autoritätsglauben Befangenen im Islâm nur in ihrer Skepsis bestärken; denn wir sehen innerhalb dieser jungen, noch unentwickelten Religion Männer entstehen, welche gegen eine solche ebenso ungerechtfertigte wie vernunftwidrige Verleugnung der Freiheit mit aller Entschiedenheit Protest einlegten. Die Ersten, die uns als solche Haereten überliefert werden, waren[5]: Ma'bad ben Khâled al-Gohni, Ghailan von Damascus und Jonas al-Aswâri. Nachdem Ma'bad seine dem Korân widersprechenden Ansichten öffentlich geäussert hatte und dafür gekreuzigt wurde[6], verschafften sich seine Lehren einen um so grösseren Anhang, als es doch empirisch begründet und gerechtfertigt

---

überhaupt proclamirt habe, so führt Guyard in seinem 'Abd er-Razzâque et son traité de la prédestination et du libre arbitre, Separatabzug des Journal Asiatique, Jahrg. 1873 p. 20, zwei Korânstellen an, aus denen unzweideutig hervorgeht, dass das Princip der Freiheit dem Korân nicht fremd war. Herrn Prof. Guyard drücke ich an dieser Stelle für die freundliche Zusendung seiner auf 'Abd er-Razzâqu bezüglichen Arbeiten meinen besten Dank aus.

[5] Vgl. Sale, the Koran, a preliminary discourse p. 210.

[6] Im Jahre 728 u. Z. Vgl. Dugat, Philosophes et théologiens musulmans, Paris 1879, p. 43.

ist, dass die Lehren der Märtyrer sympathischere Gefühle erwecken und eifrigere Vertheidiger finden. So zählt schon in der That einer der ältesten Chronisten der Araber — ibn Ḳotaibah — eine lange Reihe von Männern auf, die der herrschenden Prädestinationslehre energisch entgegentraten [7]). Die Anhänger der freien Selbstbestimmung nun wurden von ihren Gegnern Ḳadarîja [8]) genannt, welchen Namen sie auch beibehalten haben. Aus den Ḳadarîja entwickelte sich sodann die grosse Secte der Mûtaziliten [9]), welche in allererster Linie auf das philosophische Denken der Karäer, sodann aber auch auf die ersten Träger der Philosophie unter den Rabbaniten stark influirten.

Hatten die Ḳadarîja nur die Prädestinationstheorie des Korân angegriffen und ihr das Princip der menschlichen Willensfreiheit entgegengesetzt, so haben sich die aus ihnen hervorgegangenen Mûtaziliten für ihre philo-

---

[7]) Vgl. A. v. Kremer, Geschichte der herrschenden Ideen des Islâms, S. 30.

[8]) Ueber das قدر in seiner Beziehung zu dieser Schule sind die abenteuerlichsten Hypothesen gemacht worden, auf die näher einzugehen, hier nicht der Ort ist. Die plausibelste Definition hat nebst Steiner, die Mûtaziliten oder die Freidenker des Islâms, S. 27, Guyard l. c. p. 27 gegeben.

[9]) المعتزلت. Vgl. Pocoke, Specimen historiae Arabum, p. 234. Mûtaziliten übersetzt Steiner a. a. O. S. 25 mit »Secte«. Die Mutaziliten sollen aber als die hervorragendsten Sectirer die »Secte« κατ' ἐξοχὴν genannt werden. Pococke und nach ihm die neueren Forscher leiten den Namen von dem Stifter der mûtazilitischen Secte, Wâsil b. 'Attâ al-Gazzâl ab. Dieser soll nämlich in einem Streite über eine religiöse Frage mit seinem Lehrer al-Ḥasan al-Baṣri, von letzterem mit der Bemerkung »'itazala 'annâ« d. h. »Wâsil hat sich von uns getrennt«, aus der Schule gewiesen worden sein. Von den jüdischen Philosophen werden die Mûtaziliten zumeist מדברים genannt; Ahron b. Elia nennt sie חכמי המחקר.

sophischen Betrachtungen einen freieren Spielraum gelassen, indem sie auch die Beschaffenheit der göttlichen Attribute überhaupt mit in den Kreis ihrer Untersuchungen gezogen haben. Ihr relativ freier und ziemlich voraussetzungsloser Standpunkt liess sie in ihren Untersuchungen über die Wesenheit der göttlichen Attribute zu einem Resultate kommen, in dem implicite ein Protest lag gegen die crassen Anthropomorphienlehren des Korân, was ihre ohnehin übel beleumundete Schule bei den rechtgläubigen Moslemin in völligen Misscredit bringen musste. Die beiden Puncte: das absolute Einheitsbekenntniss, der streng abstracte Monotheismus einer — und die menschliche Willensfreiheit, die sie als nothwendige Folgerung ihres mit ängstlicher Gewissenhaftigkeit verfochtenen Princips der Allgerechtigkeit Gottes[10]) hinstellten, anderseits, bildeten bei dem Stifter der mûtazilitischen Secte Wâssil b. 'Atâ sowohl wie auch in allen Entwicklungsphasen dieser weitverbreiteten und vielverfolgten Schule, den Kern- und Ausgangspunkt des philosophischen Denkens. Durch das nachdrückliche Betonen und Hervorheben der Wahlfreiheit konnten die Mûtaziliten nicht umhin, den Glauben an die göttliche Vorsehung theilweise aufzugeben[11]), weil sie sich durch die Unvereinbarkeit dieser beiden Begriffe: Willensfreiheit und Providenz, zur Negirung der letzteren, — denn die Freiheit galt ihnen für ein heiliges und unverletzliches Menschenrecht — verstehen mussten. Dass aber von ihnen der

---

[10]) Durch das besondere Hervortretenlassen des Allgerechtigkeitsprinzips erwarben sie sich den Namen اصحاب العدل والتوحيد d. h. Anhänger des Einheitsbekenntnisses und der göttlichen Gerechtigkeit.

[11]) Vgl. Dugat l. c. p. 216. »Ils niaient la prédestination, vu qu'elle est l'antériorité de la volonté à l'égard des êtres créés.«

Versuch gemacht worden ist, die Kluft, welche diese beiden Annahmen von einander trennt, zu überbrücken, indem sie durch die Spitzfindigkeiten ihrer gewandten Dialectik eine Versöhnung dieser sich scheinbar ausschliessenden Dogmen herbeigeführt haben, finden wir erst bei dem Mûtaziliten Hišâm b. ʿAmr [12]), der in seiner Korânexegese alle im Korân vorkommenden auf Prädestination hinweisenden Stellen auf seine Weise weginterpretirt hat. Mit grösserem Geschick hat diese Versöhnung des Korâns mit dem Mûtazilitismus Kâbî, der einen Korâncommentar in 12 Bänden verfasst haben soll, versucht [13]). Im diametralen Gegensatz in Bezug auf das kadr stehen die Ġabarîja [14]) zu den Mûtaziliten.

Wir unterscheiden 2 Klassen der Ġabarîja:
1) Die strengen Ġabarîja, welche absolute Leugner der menschlichen Wahlfreiheit sind, so genannt,

---

[12]) Vgl. die von Haarbrücker besorgte, unter dem Titel »Religionspartheien und Philosophenschulen« herausgegebene Uebersetzung des asch-Sehahrestânischen Werkes, dessen Originaltext Cureton edirt hat. Sch. H. I, S. 74 ff. und Mawâkif ed. Sörensen, p. 339 الذى كان فى القدر اكثر منالغة من سائر المعتزلة.

[13]) Vgl. Steiner a. a. O. S. 61.

[14]) Steiner a. a. O. S. 3 meint, man müsse eigentlich grammatikalisch Ġabrîja lesen; Ġabarîja sei nur nach dem Analogon von Kadarîja entstanden. A. v. Kremer a. a. O. S. 33 nennt die Ġabarîja die modificirten Mûtaziliten, weil sie nur in Bezug auf die Prädestination vom mûtazilitischen Kalâm abweichen, was er aber darauf zurückführt, dass, da doch die Heimath des Ġabar Persien ist, die Idee der Freiheit sich bei diesen geknechteten Persern keine Geltung verschaffen konnte. Ich halte dies schon darum für problematisch, weil uns der Ġabar als eine weitverbreitete philosophische Doctrin entgegentritt; dem Philosophiren aber ist die sociale Stellung des Philosophirenden selten richtunggebend.

weil sie den جبر = 'ἀνάγκη d. h. eine fatalistische Vorherbestimmung Gottes, die sich ausnahmslos auf Alles in der Natur erstreckt, annahmen.

2) Die gemässigten Ġabarîja, deren Ansichten über das ḳadr, um das es uns doch hier in erster Linie zu thun ist, mit denen der Ascharîja füglich identificirt werden können [15]).

Die Ascharîja [16]) aber versuchten eine Art Justemilieu zwischen den Mûtaziliten und den strengen Ġabarîja herzustellen, indem sie dem Menschen eine Halb-, oder besser Scheinfreiheit zuerkannten, »da er, wie sie sagen, von selbst einen nothwendigen Unterschied zwischen den Bewegungen des Zitterns und Bebens und zwischen den Bewegungen der freien Wahl und des Willens macht und inne wird [17])«. Nicht mit Unrecht stellt der Karäer Ahron b. Elia [18]) die Ascharîja als die Leugner der Natur des Möglichen hin; denn wenn sie behaupten [19]), dass Gott als absoluter Bildner und Ordner des Alls die Fähigkeiten zu allen Handlungen der Menschen erst unmittelbar vor ihrer Realisirung in ihnen creire, so dass dem Menschen kein anderes Verdienst zukomme, als die Aneignung كسب [20]) dieser in ihm jeweilig geschaffenen

---

[15]) Vgl. Sale l. c. p. 228.

[16]) Es bildet diese Schule den Angelpunkt, um den sich die moslemischen Scholastiker drehen, gleichwie die maimunideische Schule in der jüdischen und Thomas d'Aquino in der christlichen Scholastik.

[17]) Sch. H. I, S. 102 und 103.

[18]) Im עץ חיים ed. Delitzsch S. 131.

[19]) Vgl. Salisbury l. c. S. 79 وهو المالك فى خلقه يفعل ما يشاء ويحكم ما يريد. Auch Sch. H. 1, 90.

[20]) Munk Guide des égarés, I, 187. Note nennt dieses كسب »hypothèse insaisissable et vide de sens«. Unbezweifelbar hat dieses

Fähigkeiten, so ist dies ein zwar etwas verblümter, aber darum nicht weniger absoluter Fatalismus.

Aus den Ascharîja entwickelte sich nun der orthodoxe Kalâm, der schon weit mehr als die Mûtaziliten aristotelisch geschult war und sich weniger mit dem Ausbau oder der philosophischen Gestaltung des Islâms, als mit der Polemik gegen die eigentlichen Philosophen befasste. Die Anhänger des orthodoxen Kalâm nannte man die Mûtakallimûn[21]), wiewohl dieser Ausdruck mehr Allgemeinbegriff ist, und „die theosophischen Forscher" bedeutet, so dass darunter auch die anderen Secten — sogar die Mûtaziliten — verstanden werden können.

Nach diesem parenthetischen Exkurs über die Willensfreiheit bei den arabischen Scholastikern wollen wir uns wieder Saadia zuwenden und seine Theorie der menschlichen Willensfreiheit entwickeln.

Saadia sowohl wie allen jüdischen Religionsphilosophen — mit Ausnahme Chasdai Crescas' — galt die freie Selbstbestimmung des Menschen für ein unantastbares Postulat, für die Grundvoraussetzung der jüd. Religion nicht nur, sondern auch für die unverrückbare

---

كسب starke Anklänge an die Lehre der Stoiker. Ueber die Lehre der Letzteren vgl. Zeller Geschichte der Philosophie, III, S. 152. »Zu den Ursachen kommt noch der Wille des Menschen, der an dem Zustandekommen der That mitwirkt«.

[21]) Mit »Scholastiker« hat Mûtakallimun richtig übersetzt, de Sacy, Chrestomathie Arabe, I, p. 467. Im Allgemeinen wird dieser Name im Gegensatze zu den Fokhis, die sich nur an den todten Buchstaben des Korân hielten, für die rationalistischere Richtung mit einem Worte für Jeden gebraucht, der den Korân durch Uebertragung und Umdeutung vernunftgerecht zu machen sucht. Vgl. Munk in Franks Dictionaire de la Philosophie, Artikel: Philosophie des Arabes.

Basis der socialen und sittlichen Weltordnung. Dieser Frage hat Saadia den 4. Abschnitt seines Emunoth Wedeoth gewidmet, indem er die Thatsache der menschlichen Freiheit durch folgende Momente, deren Evidenz unbestreitbar ist, beweist.[22]:

1) Durch das Wahrnehmbare in der Erscheinungswelt, d. h. der Mensch isst, trinkt, spricht und tastet, wann und was er will. Sensueller und empirischer Beweis.

2) Durch den Vernunftschluss, dass bei fatalistischem Zwang jede Ursächlichkeit des Menschen aufhöre, eine Belohnung oder Bestrafung also entweder unzulässig, oder, wenn sie doch vorhanden, ungerechtfertigt erscheinen müsse, da ja der Gute sowohl wie der Böse in gleicher Weise das von Gott Prädestinirte vollziehen; wie denn auch zwei Arbeiter, von denen der eine zum Aufbauen, der andere zum Niederreissen beauftragt ist, auf gleiche Belohnung Anspruch erheben können. Indirecter Beweis.

3) Durch zahlreiche Schriftstellen in der Bibel, wie D. 30, 19; Mal. 1, 9; Jes. 30, 1 und 23, 21.

---

[22]) Höchst frappant ist die Aehnlichkeit zwischen Saadia's Beweisführung mit der Beweiseintheilung des Bossuet im Traité du libre arbitre p. 378. Es heisst da nämlich: Cette liberté nous est évidente:

1) Par l'évidence du sentiment et de l'expériance
2) Par l'évidence du raisonnement
3) Par l'évidence de la révélation, c'est à dire, parce que Dieu nous l'a clairement révélé par son Ecrutire.

Ganz so auch bei Abraham ibn Daud, Emuna Rama, ed. Weil S. 97 ואחר שהבחירה היא אשר יעיד עליה השכל והכתוב והקבלה נ״כ.

4) Durch die Tradition [23]), die er vielleicht ostentativ gegen die Karäer, welche dieser doch keine Autorität beigemessen haben, hier so nachdrücklich hervorgehoben hat.

Ist nun auch Saadia kein sklavischer Nachbeter der Mûtaziliten gewesen [24]), was auch schon daraus erhellt, dass er die Atomistik, die Grundprämisse des mûtazilitischen Kalâms entschieden verwirft, so ist er dennoch in den wesentlichsten Punkten, wie in seiner Theorie der göttlichen Gerechtigkeit, der Willensfreiheit und in seiner Negirung der positiven Attribute Gottes vom mûtazilitischen Kalâm durchaus beeinflusst [25]).

Indirect protestirt Saadia aber gegen die Ansicht des orthodoxen Kalâms der Ascharîja, welche behauptet hatten, dass Gott im Momente des Handelns die Fähigkeiten dazu im Menschen erst creiren müsse, indem er sie auf Grund

---

[23]) הכל בידי שמים חוץ מיראת שמים Nidda 16b und Berachoth 33b.

[24]) Vgl. Schmiedl Studien über jüdische, insondere jüdisch-arabische Religionsphilosophie S. 58 ff. Die anderen von Schmiedl angeführten Punkte sind nicht alle stichhaltig. Was seinen Beweis betrifft, dass Saadia ein Naturgesetz anerkennt, das die Mûtaziliten geleugnet haben, so trifft dieser bei dem Mûtaziliten an — Nazzâm nicht zu, da er doch, wie aus Sch. H. I, S. 55 hervorgeht, wohl ein Naturgesetz angenommen hat. Seinem ferneren Beweise, dass Saadia im Gegensatz zu den Mûtaziliten den Privationen keine reale Accidenz zugeschrieben haben soll, wollen wir nur Emunoth IV, Cap. 8 entgegenhalten, wo er ausdrücklich hervorhebt, dass die Privationen der menschlichen Eigenschaften auch etwas Reales bedeuten.

[25]) Vgl. Munk Notice sur Saadia Gaon S. 17; Guide des égarés I, S. 337 und Note. Es sagt da Maimonides, dass einige Gaonim, worunter er doch Saadia zweifellos mitversteht, den Kalâm angenommen haben. Vgl. ferner D. Kaufmann Theologie des Bachja ibn Pakuda S. 96 und Attributenlehre S. 32, Note 60.

folgender echtphilosophischen Argumentation ad absurdum führt: Entstünde das Vermögen zum Handeln unmittelbar vor oder gleichzeitig mit dem Zustandekommen der Handlung, dann müsste doch das Verhältniss von Ursache und Wirkung angenommen werden, wodurch jede Ursächlichkeit des menschlichen Willens eo ipso aufgehoben wird, — was die Ascharîja vermeiden wollten, — und entstünde die Freiheit erst nach der Thätigkeit, dann müsste der Mensch die That auch rückgängig machen können [26]); beide Annahmen aber sind grundfalsch.

Was aber die Parteischattirung, der sich Saadia näher angeschlossen hat, betrifft, so können wir Kaufmann (Attributenlehre S. 33) keineswegs beipflichten, da er ihn zu den Anhängern des Mûtaziliten Abu-l-Hudail al 'Allâf zählen will; wir glauben vielmehr berechtigtermassen annehmen zu können, dass er in mehreren wesentlichen Punkten sich dem schon mit der griechischen Philosophie durchaus vertrauten Ibrahîm b. Sajjar an-Nazzâm angeschlossen hat. Unsere Behauptung stützt sich auf folgende Momente. Wenn Nazzâm behauptet, dass Gott gar keine Macht über das menschliche Handeln zustehe, so finden wir einen ganz dasselbe aussagenden Passus bei Saadia [27]); wenn wir wiederum bei Saadia finden, dass er ein Naturgesetz annimmt und einen Unterschied zwischen essentiellen (wesentlichen) und accidentellen (zufälligen) Bestimmungen macht, so finden wir dafür unter den

---

[20]) Es erinnert dies an die Worte des Aristoteles in der Eth. Nic. VI, 2 οὐκ ἔστι δὲ προαιρετὸν οὐθὲν γεγονός. Aehnlich auch bei Alexander Aphrodisias de fato § 30 . . . ἀδύνατον γὰρ καὶ τοῖς θεοῖς . . . τῶν γεγονότων τι μὴ γεγονέναι.

[27]) הבורא אין לו שום הנהגה במעשי בני אדם Emunoth ed. Slucki S. 78. Vgl. damit Sch. H. I, S. 54, Steiner a. a. O. S. 56.

Mûtaziliten kein anderes Analogon als Nazzâms[28]) philosophische Deductionen, von denen wir besonders das hervorheben, was al-Kabi (Sch. H. I. S. 55.) berichtet, dass nämlich Nazzâm behauptet habe, »dass Alles, was über das Subject der Kraft von dem Thun hinausgehe, von dem Thun Gottes durch die Nothwendigkeit der Naturanlage herrühre; so ist es z. B. eine Naturbeschaffenheit des Steines, dass wenn man ihn in die Höhe wirft, er nach vollendeter That wieder zur Erde zurückkehrt. Ueberdies finden sich bei Nazzâm (ibid S. 60) unverkennbare Spuren einer Aussöhnung der göttlichen Präscienz mit der menschlichen Freiheit, die auf dieselben Theorien basirt ist, die Saadia später mit bewunderungswürdigem Geschick zur Anwendung gebracht und vollständig entwickelt hat.

Nachdem Saadia nun durch eine eclatante Beweisführung die Thatsache der menschlichen Freiheit theoretisch begründet und als unbezweifelbar hingestellt hat, tritt an ihn die Forderung heran, die Grenzen und Objecte der freien Selbstbestimmung näher zu fixiren. Ihm gilt nun als ausgemacht folgender Grundsatz: Jeder vernünftigen Handlung geht die freie Selbstentschliessung nothwendig voraus[29]), und darum entzieht sich auch eine That, die nicht aus vorangegangener freier Selbstentschliessung entstanden ist, der Verantwortlichkeit des Vollstreckers. So ist z. B. nach dem politischen sowohl wie auch nach dem Religionsgesetz nur derjenige straffällig, der mit vollem Willensbewusstsein ein Verbrechen oder eine Sünde be-

---

[28]) Sch. berichtet nämlich (ibid), dass Nazzâm darüber eine den Anschauungen des Kalâm und der Philosophen zuwiderlaufende Ansicht gehabt habe.

[30]) Emunoth ed. Slucki S. 78 האדם לא יעשה דבר עד שיהיה כותר לעשותו.

gangen hat; ein unfreiwilliges Vergehen ist nach rechtlichen Begriffen straflos [30]).

Tritt uns nun auch bei Saadia der tiefgehende Unterschied zwischen der physischen, instinktiven und der vernünftigen, sittlichen Wahl noch nicht in strengmarkirter Form entgegen, so steht es dennoch zweifellos fest, dass er diesen Unterschied, wenn auch noch nicht direct ausgesprochen, so doch geahnt hat; denn dass seinen Ausführungen nur die Idee einer sittlichen Wahl und keineswegs das animalische, instinktive Wollen zu Grunde liegen kann, braucht wohl nicht erst bewiesen zu werden, andererseits aber schimmert durch das, was er »unfreiwilliges Handeln« nennt, der Gedanke an das blinde, nicht durch die Vernunft bedingte, Wollen deutlich durch.

In der Definition der psychischen Beschaffenheit des Willens macht sich bei Saadia vielleicht schon der Einfluss der griechischen Philosophie, namentlich der aristotelischen Schule, geltend, indem er in dem sittlichen Selbstbestimmungsvermögen keine eigens im Menschen geschaffene, aparte Seelensubstanz erblickt, sondern die Vernunft als die alleinige Norm für die Willensthätigkeit hinstellt, andererseits aber gerade in der Selbstleitung die Vernünftigkeit des Menschen erblickt [31]), so dass diese beiden Begriffe:

---

[30]) Ein gleiches Argument findet sich auch bei Alex. Aphr. de fato § 19.

[31]) Em. ed. Sl. S. 78 שהוא מנהיג טבעו בשכלו, ואם יעשה כן יהיה משכיל, ואם לא יהיה סכל. Anders denkt hierüber Cartesius. Er sagt, des Menschen Wille müsse über den Verstand hinausgehen und schrankenlos sein, weil wir sonst nie sündigen würden. Vgl. Princ. phil. I, 35. »Voluntas infinita quodam modo dici potest: quia nihil unquam advertimus, quod alicujus alterius voluntatis, vel immensae illius quae in Deo est, objectum esse possit, ad quod etiam nostra non extendat: adeo ut facile illam ultra ea quae clare percipimus extendamus.

Vernunft und freie Wahl eine fast identische Bedeutung erhalten.

Provocirt wurde Saadia zum philosophischen Studium, das ihm so wenig, wie den allermeisten jüdischen Religionsphilosophen Selbstzweck war, das vielmehr als eine aus den Zeiterfordernissen resultirende Nothwendigkeit, die jüdische Religion vor den herrschenden, mit ihr in Widerspruch stehenden Philosophemen in Schutz zu nehmen, angesehen wurde, von den Karäern, die ihre neue, antitraditionelle Lehre philosophisch zu begründen suchten, um durch diesen philosophischen Nimbus dem Laien zu imponiren, was ihnen theilweise auch gelang.

Dass nun die Karäer sich dem mûtazilitischen Kalâm angeschlossen haben ist um so natürlicher, als die häretischen Ansichten der Mûtaziliten in Bezug auf die Religion, bei ihnen, die selbst Häreten waren, doch nur Anklang finden konnten, so dass das Abhängigkeitsverhältniss der Karäer von den Mûtaziliten schon in der Natur ihrer irreligiösen Anschauungen begründet ist, sodann aber bestätigen uns dies die berühmten arabischen Historiker Makrizi und Massudi ausdrücklich [32]).

Der bedeutendste Vertreter der karäischen Philosophen, Joseph al-Baṣri, präsentirt sich uns in solcher Abhängigkeit vom mûtazilitischen Kalâm, näher noch von der Schule des Abu Hisâm in Baṣra, dass er seinen, von dem Mû-

---

[32]) Vgl. de Sacy Chrestomathie arabe Bd. I, p. 307 und 349, wo Makrizi die عنانيّة unter die Anhänger des عدل zählt. Auch Massudi sagt والعنانيّة وهو من يذهب الى العدل Massudi aber ist ein um so glaubwürdigerer Gewährsmann, als er einerseits selbst Mûtazilit war (vgl. ibid. 350), anderseits aber Saadia und wahrscheinlich auch die vornehmsten Karäer persönlich gekannt hat. Die gegentheiligen Behauptungen des Sch. H. I, S. 249 und des Abûlfeda, citirt bei de Sacy ibid. S. 326, sind absolut unhaltbar.

talitismus doch so grundverschiedenen religiösen Standpunkt in der Philosophie aufgegeben zu haben scheint[33]), um nur ganz in den Kalâm aufgehen zu können. Die Freiheit oder das Vermögen des Menschen nach entgegengesetzten Seiten hin wirken zu können, gilt ihm und allen karäischen Religionsphilosophen überhaupt für die Grundvoraussetzung des göttlichen Gebotes, von dessen Befolgung ja Lohn und Strafe abhängig ist; die Vergeltung aber spielt bei ihnen eine um so grössere Rolle, als sie Folge des Princips der göttlichen Gerechtigkeit ist, das die Mûtaziliten bis zur absurden Extravaganz durchgeführt haben.

Eine etwas retrograde Bewegung macht das Princip der menschlichen Freiheit bei Bachja ben Joseph ibn Pakuda, dem berühmten, so populär gewordenen Moralphilosophen des 11. Jahrhunderts (ca. 1040). Hatte Saadia die Willensfreiheit als Postulat der Vernunft in erster Linie hingestellt und sodann erst ihre Berechtigung und Begründung im Religionsgesetz nachzuweisen gesucht, so ignorirt Bachja die Vernunftgründe ganz, und nur jüdisch-religiöse Bedenken haben bestimmend auf ihn eingewirkt, die sittliche Freiheit zum jüdischen Dogma zu proclamiren. Wir müssen, so meint er, unsere Handlungen in einer dem Glauben an die menschliche Willensfreiheit entsprechenden Weise einrichten. Seine dogmatisirte Freiheitstheorie gipfelt wesentlich in dem bekannten talmudischen Spruch[34]) »Alles ist in Gottes Macht, ausser der Gottes-

---

[33]) Vgl. Frankl ein mûtazilitischer Kalâm S. 8.
[34]) Vgl. Herzenspflichten III, C. 8 הגכון שנעשה מעשה מי שיאמין כי המעשים מונחים לאדם. Er führt diese Ansicht zwar nicht direct als seine eigene, sondern als die einer Denkerklasse an; unmittelbar darauf aber erklärt er sie für die einzig richtige Lösungsart der Frage. Die von Kaufmann zu der Stelle וראה לך ממנו גם זה בתנועת לשונו ושמעו וראותו (ibid) erbrachte Analogie zur Theorie der

furcht. Diese Hintansetzung der Speculation des Bachja wird uns nicht befremden, wenn wir in ihm keinen Philosophen von Beruf, sondern nur einen Moralphilosophen, der die Philosophie der Religion nicht nur untergeordnet — denn das thaten nahezu alle jüdischen Philosophen, — sondern als überflüssiges Beiwerk angesehen hat, erblicken. Bachja's Freiheitsprincip gewinnt aber einen streng abgegrenzten Character, wenn er behauptet[35]), »dass alle deine Bewegungen, die leisesten sowohl, als die stärksten an den Willen des erhabenen Schöpfers und seine Leitung gebunden sind, mit Ausnahme, wovon die Wahl des Guten oder Bösen abhängt, welche allein er deiner Willkür überlassen«.

Weit entschiedener und nachdrucksvoller trat der so hochgefeierte jüdische Nationaldichter Jehuda Halévi — geb. 1085, gest. nach 1140 — in seinem religionsphilosophischen Werk Kusari für die Wahlfreiheit ein. Zunächst wendet sich Halévi gegen die Leugner der Natur des Möglichen[36]), denen er das Widerspruchsvolle und die

---

Ascharîja ist unzutreffend; denn während Bachja mit diesem Satze die Intensität der göttlichen Providenz characterisiren will — und das ist im gegebenen Zusammenhange die einzig richtige Erklärungsweise dieser Worte, welcher sich auch Fürstenthal in seiner Ausgabe der Herzenspflichten Note 21 zur Stelle anschliesst, — besagt die von Kaufmann herbeigeholte analoge Stelle in Sch. H. I, S. 102 das Gegentheil der Providenz, die Freiheit.

[35]) Herzenspflichten II, C. 5, ed. Fürstenthal S. 70 כל תנועותיך נקשרות בחפץ הבורא יתעלה והנהגתו ורצונו הקטנה והגדולה שבהם והגלויה והנסתרת חוץ ממה ששם ברשותך מבחירת הטוב והרע, ebenso, III 8 S. 108 b כי המעשים הבראים מן האדם נתונים ברשותו והוא בוחר בהם בחפצו והם הוויים ברצונו ובחירתו.

[36]) Ich citire nach der Ausgabe des Dr. Cassel, Leipzig 1869. S. 414 Note lässt Cassel Halévi gegen die Ascharîja ankämpfen. Die krasse Leugnung des Möglichkeitsprinzips, gegen die sich

Inconsequenz in ihrer Handlungsweise vorwirft, da sie bei einem schlechthinnigen Leugnen der Natur des Möglichen consequenterweise danach handeln müssten, während ihr unablässiges Streben, sich Nahrung zu verschaffen und Kriegsgeräthe gegen ihre Feinde zu verfertigen, doch nothwendig darauf hinweist, dass ihr absoluter Fatalismus nur Phrase sein könne. Mit gleicher Entschiedenheit wendet er sich auch gegen die Lehren der Epicuräer (בעלי הנאה)[37]), weil diese wiederum nur den Zufall als Massstab an jede Handlung angelegt haben. Wir dürfen, so sagt er, zu keiner dieser extremen Richtungen hinneigen, sondern stets müssen wir im Bewusstsein unserer freien Selbstbestimmung handeln, von deren richtigem Gebrauch das Wohl und Wehe des Menschen — Lohn und Strafe — abhängig ist.

Alle Geschehnisse sind auf göttliche oder natürliche oder zufällige oder auf Handlungen der freien Wahl zurück-

---

Halévi wendet, liesse eher die strengen Gabarija darunter vermuthen. Halévi's Definition der Natur des Möglichen ist identisch mit dem τὸ ἐνδεχόμενον ἄλλως ἔχειν des Aristoteles. Die Waffen, deren sich Halévi in seiner Bekämpfung der Leugner der Possibilität bedient, sind zum Theile dieselben, welche Alexander Aphrodysias und andere Gegner der stoischen Lehre gegen die Stoiker in's Feld führten. So ist namentlich die beiderseitige Bekämpfung des ἀργὸς λόγος (ignavia ratio), vgl. Trendelenburg's philosophische Beiträge Bd. II, S. 175 und Alex. Aphrodysias, de fato § 20 und 21 auffällig.

[37]) فِرْقَةُ اللَّذَّةِ 'Ἡδονικοί. Es sind hier sowohl, wie bei allen jüdischen Schriftstellern, unter בעלי הנאה nicht wie man bei wörtlicher Uebersetzung anzunehmen geneigt wäre, die eigentlichen Hedoniker, wohl auch Cyniker, die Schule des Aristipp zu verstehen, vielmehr ist stets die nacharistotelische Schule des Epicur gemeint, deren ethisches Hauptprincip lautete: ἡδονὴν ἀρχὴν καὶ τέλος λέγομεν εἶναι τοῦ μακαρίως ζῆν, vgl. Ueberweg Geschichte der Philosophie, I, S. 142.

zogen hat. Auch Halévi ist, gleich Saadia, der Verstand das leitende Motiv im Menschen, die Richtschnur für die sittliche Wahl, die er auch empirisch mit dem Satze begründet: Denn du nimmst an dir wahr, dass du Macht hast über Reden und Schweigen, so lange du unter der Leitung des Verstandes stehst[40]). Dass es ihm aber mit dem Prinzip der menschlichen Freiheit vollkommen Ernst war, geht am unzweideutigsten auch daraus hervor, dass er, indem er 6 Grundsätze aufzählt, durch welche die göttliche Lehre befestigt wird, den sechsten Grundsatz, der den festen, unwandelbaren Glauben an die menschliche Willensfreiheit zum Inhalte hat, gleichsam als den Gipfelpunkt der übrigen 5 Glaubenssätze hinstellt. Diese Concession gewinnt aber bei Halévi eine um so grössere Bedeutung, wenn man bedenkt, dass sein tiefreligiöses Gemüth so manche Widersprüche und sonstige religiöse Bedenken zu unterdrücken gezwungen war, um nur dieses unveräusserliche Recht des Einzelindividuums, die freie Selbstbestimmung des Menschen retten zu können.

Mehr als Halévi, ja mehr als alle jüdischen Religionsphilosophen überhaupt hat Abraham ibn Daud Halévi aus Toledo, in seinem Werke Emuna Rama, die Wahlfreiheit des Menschen in den Vordergrund philosophischer Betrachtungen gestellt, indem er sie zum Ausgangspunkte und Endresultat seines ganzen religionsphilosophischen Systems gemacht hat. Schon in der Einleitung des Emuna Rama, wo er als Entstehungsgrund des Werkes die Aufforderung eines Freundes[41]), ihm seine Ansichten über

---

[40]) Kusari S. 417 כי אתה מוצא עצמך יכול על הדבור ועל השתיקה בעוד שתהיה במטשלת השכל.

[41]) Der von ihm angegebene Veranlassungsgrund des Werkes, der Wunsch eines Freundes, scheint nicht strict genommen werden zu müssen. Es kann dies vielmehr nur eine zum Zwecke eines

zuführen.³⁸) Die göttlichen Ursachen gehen unmittelbar aus dem Willen des Nothwendig-Existirenden hervor. Die anderen drei Ursachen sind Mittelursachen;³⁹) das durch sie Veranlasste und Entstandene hat also unmittelbar nur in den Mittelursachen seinen Urgrund. So sind z. B. Wahlhandlungen aus der Mittelursache der Willensfreiheit hervorgegangen. Aus dem Umstande, dass Halévi die beiden anderen Mittelursachen durch eine Bemerkung verclausulirt, indem er behauptet, dass sie nur dann eine Wirkung hervorbringen, wenn von den übrigen Mittelursachen kein Hinderniss entsteht, kann man, weil er diese Clausel bei der Mittelursache des menschlichen Willens unterlässt, folgern, dass er die Willensfreiheit über jene Schranken erhoben und sie als durchaus selbstständig hingestellt hat — ein Schluss, den, wenn auch nicht in dieser Tragweite, so doch schon im Grossen und Ganzen der geistvolle Commentator des Kusari, Muscato mit richtigem Tact ge-

---

³⁸) Kusari S. 416 המעשים יהיו אלהיים או טבעיים או מקריים או מבחריים. Ganz dieselbe Eintheilung findet sich auffälligerweise auch bei Abr. ibn Daud, Emuna Rama ed. Weil, hebr. S. 97, ebenso bei Arama, Akedat Jizchak Cap. 26. Vielleicht liegt hier eine Anspielung auf die Viertheilung der Causalität bei Aristoteles vor. Vgl. Phys. Auscul. II, 7 $\epsilon\pi\epsilon i$ $\delta a'i$ $a\iota\tau i a\iota$ $\tau\epsilon\tau\tau a\rho\epsilon\varsigma$, ferner Metaphys. VIII, C. 3; Alex. Aphr. de fato § 3 und Guide des égarés I, S. 316 Note.

³⁹) Die Lehre der Mittelursachen kommt schon bei dem Stoiker Chrysipp vor, welcher volle und Hauptursachen (perfectae et principales) von mirwirkenden und nächsten Ursachen (adjuvantes et proximae) unterscheidet. Vgl. Trendelenburg u. a. S. 176. Halévi dürfte die Lehre von den Mittelursachen von ibn Sina entlehnt haben, der sie wahrscheinlich in die arabische Philosophie eingeführt hat. Vgl. Frank Dictionnaire de la Philosophie, Artikel ibn Sina: »Ibn Sina cherchait à rapprocher la cause première du monde sublunaire en établissant des chaînons intermédiaires. Cette hypothèse est toute particulière à ibn Sina«.

das Problem der Freiheit und der göttlichen Providenz auseinanderzusetzen, angiebt, entscheidet er sich für die menschliche Freiheit, so dass der Anlage des Emuna Rama die Idee der Freiheit vorangeht und zu Grunde liegt, anderseits gipfelt auch das Endresumé des Buches in der Freiheit, und man hat, nicht mit Unrecht, seine Entwickelung des Princips der menschlichen Freiheit als das eigentlich Charakteristische des »erhabenen Glaubens« hingestellt [42]).

Indem er nun gleich seinen Vorgängern — von denen er nur, wie er selbst in der Einleitung angiebt [43]), Saadia

---

passenden Prolegomenon fingirte Aufforderung sein, wie wir solche Prooemata bei arabischen Schriftstellern thatsächlich zu häufig vorfinden, als dass wir ihnen einen grösseren Werth, als den einer passenden Einleitungsform beilegen könnten. So vgl. z. B. ibn Roschd's Anhang zur »Philosophie und Theologie«; 'Abd-er-Razzâqu a. a. O. S. 6. Auch Maimons Moreh ist an seinen Schüler gerichtet. Bezeichnend für sein Verhältniss zur Willensfreiheit ist die Ueberschrift auf S. 98 des Emuna Rama: ביאור ההשגחה יסוד היכולת. והוא הפרק אשר בגללו וסבתו הצאנו זה הספר, והוא היה תחלת המחשבה וסוף המעשה.

[42]) Vgl. Ueberweg Geschichte der Philos. II S. 178.

[43]) Em. Rama ed. Weil, S. 2 heisst es: ולא הגיע אלינו וולתי ספר ר' סעדיה ז"ל, אשר קראו ספר האמונות והדעות . . ונם כן עמדנו על ספר ר' שלמה אבן גבירול ז"ל. Kaufmann Attributenlehre S. 248 und Note 249 geht entschieden zu weit, wenn er trotzdem annimmt, dass Abr. ibn Daud den Kusari des Jehuda Halévy gekannt habe. Denn von den vielen von ihm erbrachten Beweisgründen, die zumeist nur auf die Analogien des Emuna Rama mit dem Kusari fussen, sind die wenigsten von evidenter und zwingender Beweiskraft. Gravirend ist allerdings das Moment, dass die Viertheilung aller Handlungen und Geschehnisse, wie wir bereits Note 38 erwähnten, bei beiden Schriftstellern bis auf das Beispiel gleich lautet. Nur darf man nicht vergessen, dass sie dafür eine gemeinsame Quelle haben konnten, anderseits aber muss immerhin darauf Rücksicht genommen werden, dass sie als jüdische Theologen von gleicher Denkart und religiöser Gesinnung waren, da nun gleiche

und ibn Gabriol gekannt hat — zuvörderst den Begriff der Potentialität, die auch ihm unbedingte Voraussetzung aller freien Willensacte ist, definirt, gelangt er zur Erklärung der Wesenheit der menschlichen Freiheit, die ihm das alleinige Kriterium für den Werth und sittlichen Gehalt jeder menschlichen Handlung ist. Je mehr wir nun das Böse, welches dem Menschen in potentia gegeben ist, durch unsere freie Wahl bekämpfen, je intensiver und ausgeprägter die innere Freiheit in der Bekämpfung des Bösen, das uns zwar nicht, wie etwa der Athem, von Natur aus nothwendig anhaftet, vielmehr nur in potentia vorhanden ist, sich bethätigt, desto höher ist auch der sittliche Werth unserer Handlungen anzuschlagen. Wohl liegt es in der Naturanlage mancher Menschen oder in den physischen, somatischen und intellectuellen Verhältnissen ganzer Völker, dass bei ihnen der Hang zum Sinnlichen und Bösen und die Abneigung vor dem Edlen und Guten ausgebildeter als bei anderen ist; sie können sich aber nichtsdestoweniger durch die richtige Anwendung ihrer Freiheit von den Schlacken der Sinneslust befreien; denn

---

Ursachen auch gleiche Wirkungen haben, so kann, da ihre religiöse Voraussetzung gleichgeartet war, ein zufälliges Zusammentreffen in einigen Punkten wohl kaum zur Annahme eines Abhängigkeitsverhältnisses berechtigen, zumal wenn der Autor, wie es hier der Fall ist, die Bekanntschaft mit seinem Vorgänger zwar indirect, aber doch entschieden negirt. Was aber Kaufmann anführt, dass Abr. ibn Daud das von Halévi in die jüdische Philosophie eingeführte Verkettungsprincip השתלשלות, wodurch Alles mittelbar auf Gott zurückgeführt wird, angenommen hat, so ist dieser Beweis hinfällig, denn erstens ist das Verkettungsprinzip nur das aristotelische τὸ κινῆσαν, das dritte der 4 Entstehungsgründe, vgl. Phys. Ausc. II, 7 Metaph. VIII, 3; Alex. Aph∴ de fato § 3, sodann aber führt Abr. ibn Daud selbst dieses Princip mit den Worten als aristotelisch an וכבר ביאר זה ראש הפילוסיפים Em. Rama S. 88.

schaft im Allgemeinen und insbesondere der christlichen Scholastik der Blüthezeit, wo es vielfache Bewunderung und Nachahmung fand, geworden ist[44]).

Wenn Saadia für das Vorhandensein der Willensfreiheit 3 resp. 4 Beweise erbracht hat, so hält sie Maimonides für etwas dermassen Evidentes und Unbestrittenes, dass sie gar nicht erst des Beweises bedarf[45]). Der Glaube an die Wahlfreiheit des Menschen, sagt er, ist ein Fundamentalgesetz, das innerhalb der jüdischen Religion noch nie Gegenstand einer Widerrede oder Controverse gewesen ist[46]), denn sie bildet die Grundwesenheit des Judenthums und der Tora[47]). Erst bei einem so freien und edlen Geiste, wie Maimon war, konnte die Willensfreiheit zur vollen Geltung gelangen, und in der That hat er sie in ihrer absolutesten Tragweite anerkannt[48]). Die Willensfreiheit, sagt er, ist im Prinzip sowohl von der jüdischen Religion, als auch von der philosophischen Demonstration, namentlich von den griechischen Philosophen, als unwiderlegliche Thatsache hingestellt worden. Die Thaten des Menschen sind weder einem directen Zwang, noch irgend

---

[44]) Bezeichnend für die Abhängigkeit der Scholastiker von Maimonides ist ein Passus bei Saisset, Précurseurs et disciples de Descartes, p. 277. »Maïmonide est le précurseur de Saint Thomas d'Aquin et le More Neboukhin annonce et prépare la Summa Theologiae«.

[45]) Vgl. More I. Cap. 51, Guide des égarés I, 182. Ich citire den maimunischen »Führer« nach Munks französischer Uebersetzung und, wenn es zum besseren Verständniss nöthig erscheint, den arabischen Urtext.

[46]) ibid. III, Cap. 17.

[47]) Jad Hachasaka, Hilchot Teschuba III Cap. 5 ודבר זה עיקר גדול הוא והוא עמוד התורה.

[48]) Vgl. Munk's Einleitung zum Guide S. IV . . . il reconnaît la liberté de l'homme dans le sens le plus absolu.

alle Menschen sind, und zwar in ganz gleichem Masse, mit der Willensfreiheit begabt, nur versteht der Eine sie besser auszunutzen als der Andere.

Abraham ibn Daud hatte sich bereits von dem Wirrsal neuplatonischer Ideen, deren Druck Halévi leise empfand, auf ibn Gabirol aber um so erdrückender lastete — der Grund, warum wir ihn aus dem Rahmen unserer Abhandlung gänzlich ausgeschlossen haben, da er in seinem einseitigen Neuplatonismus unserer Frage, die von den Neuplatonikern nicht genug ventilirt worden ist, gar keine Beachtung widmet — gänzlich befreit, um sich im hellstrahlenden Geiste des Aristoteles, des Philosophen par excellence, zu sonnen. Er war der Erste unter den jüdischen Religionsphilosophen, der die überwältigende Superiorität des Stagiriten in vollem Masse erkannt und ihn für die massgebendste philosophische Autorität erklärt hat, wodurch er Vorläufer des glänzendsten Sternes am jüdischen Philosophenhimmel, des Mûsa b. Maimun — von 1035—1104 — geworden ist.

Der Riesengeist des Mannes der »starken Hand«, des Maimonides, welcher das Gesammtgebiet der damaligen Wissenschaft in eminenter Weise beherrscht hat, hat auch die herrschende jüdische Religionsphilosophie durch das Erschliessen neuer Gesichtspunkte und Bahnen an der geistigen Umwälzung participiren lassen. Er hatte sich von den Haarspaltereien des Kalâm vollständig losgesagt und von dem Labyrinth neuplatonischer sinnverwirrender Syllogismen befreit, und auf der Basis des alexandrinisch nüancirten Aristotelismus — nach der Interpretation des ibn Sina — in seinem More Nebuchim ein religionsphilosophisches System entwickelt, das nicht nur innerhalb der Grenzen seines engeren Vaterlandes und in jüdischen Kreisen stets hochgehalten wurde, sondern Gemeingut der Weltwissen-

welcher Beeinflussung göttlicherseits unterworfen[49]). Wenn wir aber sehen, dass Manche von Natur weniger zum Bösen hinneigen, während bei Anderen die natürliche Hinneigung zum Bösen in verstärkterem Masse auftritt, so liegt das keineswegs daran, dass bei Diesem die Freiheit des Willens weniger, bei Jenem mehr ausgebildet ist, vielmehr haben Einige einige Temparaments-Disposition, wodurch sie mehr oder weniger für das Gute resp. Böse empfänglich sind[50]); jedoch kann die Willensfreiheit auch bei der ungünstigsten Temparaments-Disposition das ihr zuerkannte Recht über den Menschen ungeschmälert behaupten, mag man so gross sein wie Mose oder so schlecht wie Jerobeam[51]). Wenn aber unsere Weisen behauptet haben: »Alles ist in Gottes Hand, mit Ausnahme der Gottesfurcht«, so können sie unter »Alles« nur dasjenige verstehen, was nicht in den Bereich des vom Menschen Möglichleistbaren fällt, also die Naturbeschaffenheit der Dinge — wie z, B., dass der Mensch gross oder klein ist, dass es regnet oder dürre ist, u. s. w. — auf welche des Menschen Wille durchaus einflusslos bleibt; was aber darüber hinausgeht, d. h. Alles, was dem Thun und Lassen des Menschen unterworfen ist, kann nur Gegenstand der freien Selbstbestimmung sein[52]). Wer aber von

---

[49]) Vgl. ثمانية فصول Wolf S. 54.

فاعلم ان أمر مجمع عليه من شريعتنا. وفلسفة يونان بما
صححته حاجج الحق ان افعال الانسان كلها مصروفة اليه لا
جبر عليه فيها.

[50]) Ja, er bestreitet sogar, dass es 2 Menschen von absolut adaequater Temperamentsanl agung und Seelenharmornie geben könne. Vgl. Guide I, 306.

[51]) Vgl. Jad Hach. Hilchot Teschuba III Cap. 5.

[52]) Das sagt auch Aristoteles, Eth. Nic. III, 4 ὅλως γάρ ἔοικεν ἡ προαίρεσις περὶ τὰ ἐφ' ἡμῖν εἶναι.

seiner Freiheit keinen Gebrauch macht und sich dem instinktmässigen bösen Naturtrieb zügellos überlässt, hat sein Anrecht auf das eigentlich Menschliche des Namens »Mensch« verloren, denn wer die von Gott ihm verliehenen intellectuellen Eigenschaften, deren unmittelbarer Ausfluss die richtige Gebrauchsanwendung seiner Freiheit ist, nicht verwerthet, ist nur ein mit menschlicher Form begabtes Thier[53]).

Consequenterweise muss Maimonides auch gegen die Leugner der Natur des Möglichen, wie dies seine Vorgänger fast ausnahmslos gethan, polemisiren. Er bekämpft auch in der That die absurde Behauptung der Ascharîja, dass Gott im Momente des Handelns die Fähigkeit dazu im Menschen creire, ebenso nachdrücklich wie schonungslos.

Nur scheint Maimonides über die Mûtaziliten nicht sonderlich gut unterrichtet gewesen zu sein, wenn er behauptet, dass sie keine absolute Willensfreiheit anerkannt haben, während er doch selbst (Guide des égarés I, S. 394) gerade die Mûtaziliten im diametralen Gegensatze zu den Ascharîja nennt[54]), weil sie lehrten, der Mensch handle frei vermöge der von Gott in ihm von Natur aus[55]) geschaffenen Willenfreiheitskraft.

---

[53]) Vgl. Guide I S. 51 . . . n'est pas un homme, mais un animal ayant la figure de l'homme et ses linéaments.

[54]) Die betreffenden Stellen lauten im Urtext I, Cap. 73, Prop. 6.

واما افعال الناس فهم فيها مختلفون مذهب اكثرهم وجمهور الاشعرية ان عند تحريج هذا القلم خلق الله اربعة اعراض

Von den Mûtaziliten sagt er daselbst اما المعتزلة فقالوا انه يفعل بالقدرة المخلوقة فيه. Dagegen sagt er III. Cap. 17 von den Mûtaziliten والمعتزلة ايضا يرون هذا الراى وان كذن استطاعة الانسان ليست هى عندهم مطلقة.

[55]) Ich betone hier »von Natur aus«, weil diese Stelle von Munk

zugsweise exclusiv muhammedanische Philosophie oder besser Theologie gepflegt haben, wodurch sie den Juden doch wenig Anziehendes bieten konnten, während die Mûtaziliten Rationalisten waren, denen die Philosophie als solche Selbstzweck war, die den Juden daher mehr imponiren konnten: so dass es schon in der Natur der rationalistischen Anschauungen der Mûtaziliten begründet ist, dass die Juden mit ihnen sympathisirt haben, weil sie doch den wesentlichen Beührungspunkt hatten, dass sie gemeinschaftlich nicht den todten Buchstaben, sondern den Geist des Gottesgesetzes zu erforschen bestrebt waren.

Es findet aber diese geringe Bekanntschaft des Maimonides mit den Mûtaziliten darin ihre Begründung und Entschuldigung, dass sie zu Maimon's Zeiten thatsächlich nicht mehr vorhanden und nur noch historisch bekannt waren, so dass auch Averroes — der berühmte Zeitgenosse des Maimonides — Folgendes über sie sagt[57]): »Was die Mûtaziliten betrifft, so ist nach Spanien von ihnen nichts gekommen, woraus wir ihre Methode in der Behandlung dieses Themas hätten lernen können. Es scheint aber, dass ihre Methoden mit denen der Ascharîja — deren Deductionen Averroes übrigens für widersinnig erklärt — übereinstimmen«. Wir sehen also, dass selbst der bedeutendste Vertreter der arabischen Philosophie sie nicht gekannt hat, wenigstens nicht in der Ausführlichkeit, wie wir sie von dem bedeutendsten arabischen Philosophen erwarten durften. Was Wunder also, wenn Maimon in einigen Punkten nicht genug unterrichtet war! Anders verhält es sich jedoch mit den Ascharîja und den eigentlichen Mutakallimîn. Mit den

---

[57]) Vgl. Philosophie und Theologie des Averroes, deutsch von Müller, S. 40.

Eben so unrichtig ist es, wenn Maimon ihnen einen starren, ja krassen Prädestinationsglauben vindicirt; es waren vielmehr viele Mûtaziliten sehr nahe daran, und Einige scheuten sich nicht, es offen zu bekennen, den Glauben an die göttliche Providenz ganz aufzugeben[56]). Auch können wir der Behauptung Maimon's nicht beipflichten, dass die Juden sich nicht darum den Mûtaziliten angeschlossen haben, weil ihnen ihr System im Vergleich mit anderen besser gefiel oder weil es ihrem religiösen Standpunkt mehr entsprach, sondern weil sie zufällig mit ihnen zuerst in Berührung gekommen sind, denn eine, selbst oberflächliche Vergleichung des mûtazilitischen und ascharitischen Philosophirens zeigt, dass die Ascharîja die allgemeingültigen philosophischen Probleme theils einseitig moslemisch behandelt, theils und besonders aber eine vor-

---

missverstanden worden ist, wenn er bezugnehmend auf diesen Passus im Guide III, S. 122 Note 2 den Mûtaziliten von Maimonides die Lehre vindiciren lässt »Car il faut qu'au moment d'agir Dieu crée en lui la faculté d'agir«. Einen so argen Missgriff konnte Maimonides nicht begehen, einen von ihm selbst als eminent ascharitisch bezeichneten Satz nachträglich für die Lehre ihrer philosophischen Antagonisten, der Mûtaziliten auszugeben. Das بالقدرة المحدثة kann demnach nicht heissen »durch das unmittelbar vor der Handlung geschaffene Vermögen«, sondern »durch das von Gott im Menschen von Natur aus geschaffene Willenfreiheitsvermögen«.

[56]) Vgl. Dugat a. a. O. S. 216; Salisbury a. a. O. S. 164. Auch Tahir al-Isfarâini, citirt in deutscher Uebersetzung, von Haarbrücker, Schahr. II S. 394, sagt von den Mûtaziliten: .... sie stimmen darin überein, dass die Thaten der Geschöpfe durch sie geschaffen seien und dass Jeder von ihnen und Jedes aus der Gesammtheit der Thiere .... Eine erklärliche Extravaganz, weil sie ja nur die instinctive und nicht die sittliche Wahl gemeint haben, die aber Maimon Guide I, S. 123 nichtsdestoweniger rügt .. der Schöpfer seiner Thaten sei und nicht Gott ihre Thaten schaffe und über eine ihrer Handlungen Macht habe. ..

Systemen dieser orthodoxen Richtungen, deren Anhängerzahl selbst zu Maimon's Zeit keine geringe war, zeigt Averroes sowohl wie auch Maimon eine so durchaus gründliche Vertrautheit, dass Schmölders Verdächtigung, als habe Maimonides die eigentlichen Mutakallimîn nur dem Hörensagen nach gekannt und sie daher nur subjectiv dargestellt, von Munk, Dernbourg, Franck u. A. mit vollem Rechte als gänzlich grund- und haltlos zurückgewiesen wurde.

Mit Aristoteles hält Maimonides gleichen Schritt, wenn er zwischen dem instinctgemässen Wollen und der freien sittlichen Wahl einen strengern Unterschied als seine jüdischen Vorgänger macht. Dass aber seine Vorgänger diese sich so nothwendig ergebende Distinction noch nicht gemacht haben, liegt wohl an ihrer Abhängigkeit von den Mûtaziliten, denen dieser Unterschied wohl noch nicht zum Bewusstsein gekommen ist, da sie doch selbst den Thieren, bei denen ja von einer sittlichen Wahl nicht die Rede sein kann, eine Belohnung und Bestrafung zuerkennen [58], woraus ja unzweideutig hervorgeht, dass sie unter der Willensfreiheit nur das animalische, instinctive Wollen verstanden haben können. Im Principe allerdings haben auch schon die vormaimonischen jüdischen Philosophen diese so nothwendige Scheidung anerkannt, was schon aus der Art ihrer Behandlung der Willensfreiheit, dass nämlich das sittliche Moment stets vorwiegt, unzweifelhaft hervorgeht; allein deutlich ausgesprochen hat sie unter den Juden zum

---

[58] Vgl. Guide III, S. 123; Sch. H. II, S. 394. Den Stoikern, den philosophischen Vertretern des Fatumglaubens im classischen Alterthum, macht Alex. Aphr. den Vorwurf, dass sie das Instinctivfreie für Wahlfreiheit halten. Vgl. de fato § 14 ἐοίκασι δὲ παραλελοιπότες τὸν λόγον, ἐν τῇ ὁρμῇ τὸ ἐφ' ἡμῖν τίθεσθαι.

ersten Male Maimonides[59]). Nur geht Maimonides in dem aus dieser Scheidung sich ergebenden logischen Consequenzschluss nicht so weit wie Aristoteles, der das ἐφ ἡμῖν so definirt, dass eine That nur dann mit diesem Namen bezeichnet werden könne, wenn sie der Gegenstand unseres durch die harmonische Assimilation mit den Verstandesthätigkeiten hervorgegangenen Willensentschlusses ist; eine bloss instinctgemäss verübte gute That wäre demnach verdienstlos. Es zeigt sich hier wiederum, dass Maimon nicht wie Aristoteles voraussetzungslos philosophirt und die menschliche Vernunft nicht als den alleinigen Maassstab unserer Erkenntniss hingestellt hat; ihm sind vielmehr noch theologische Bedenken maassgebend, die Aristoteles, wiewohl er mit dem herrschenden Götterglauben keineswegs brechen wollte, dennoch nicht zur Normirung eines Gedankenschlusses bestimmen konnten. Denn da Maimonides von seinem Recompensations-System, das er als für jeden Offenbarungsgläubigen implicite ge-

---

[59]) Vgl. More II Cap. 58 ولو كان السبب ارادة حيوان من سائر الحيوانات worunter auch Munk schon (siehe Note zu dieser Stelle) das aristotelische τὸ αὐτόματον versteht. Ganz unzweideutig jedoch geht Maimon's Distinction des Instinctiven von der sittlichen Willensfreiheit aus folgender Stelle am Ende des obbezeichneten Capitels hervor. كان اسبابا او باختيار او بارادة. Aristoteles hat diese Scheidung öfters hervorgehoben. So Eth. ad. Eudem. II, 10. ἀλλὰ μὴν οὐδὲ βούλησις καὶ προαίρεσις ταὐτό, denn Alles, was wir wählen, wollen wir, aber nicht Alles, was wir wollen, wählen wir. ἅπαντες γὰρ βουλόμεθα ἃ καὶ προαιρούμεθα, οὐ μέντοι γε ἃ βουλόμεθα, πάντα προαιρούμεθα. Weitere Stellen bei Aristoteles sind angeführt Guide II, 362 Note 4. Bemerkenswerth ist noch folgender Passus, Eth. Nic. III, 5 ἔοικε δή, καθάπερ εἴρηται, ἄνθρωπος εἶναι ἀρχὴ τῶν πράξεων. Ebenso auch bei Alex. Aphr. de fato § 14 οὐ μὴν ταὐτὸ τό τε ἑκούσιον καὶ τὸ ἐφ' ἡμῖν. Ἑκούσιον μὲν γάρ, τὸ ἐξ ἀβιάστου γινόμενον συγκαταθέσεως, ἐφ' ἡμῖν δὲ τὸ γινόμενον μετὰ τῆς κατὰ λόγον τε κρίσιν συγκαταθέσεως.

nach freier Wahl zu handeln, die Gott beim Entstehen in den Menschen gelegt hat.

Natürlich muss diese Willenssubstanz stets im harmonischen Einklange mit der Verstandesthätigkeit und dieser subordinirt sein, wenn das Gewollte wahrhaft gut sein soll. Es ist dieser maimonische Standpunkt wesentlich verschieden vom aristotelischen.

Aristoteles hat sich wohl nicht die Willensthätigkeit als Separat-Existenz, vielmehr als dem menschlichen Verstande, von dem sie einen integrirenden Bestandtheil ausmacht, inhärirend gedacht. Es ist dies bei Aristoteles lediglich logische Folgerung seiner strengen Disjunction zwischen dem Instinctiven und Wahlfreien[62]), wenn er in ersterem eine geschaffene Eigenschaft, einen concret vorhandenen menschlichen Naturtrieb erblickt, während er letzteres abstract, dem selbst undefinirbaren menschlichen Verstand inhärirend, darstellt.

Nun hat auch Maimon diese Scheidung ausgesprochen, aber doch nicht nachdrücklich genug betont, wenigstens nicht in der Tragweite, wie es Aristoteles gethan hat. Das völlig Uebereinstimmende zwischen Aristoteles und Maimon dürfte sich in dieser Frage also nur darauf beschränken, dass sie die Willensfreiheit als solche, d. h. die sittliche Freiheit für keine **physische**, sondern **psychische** Function halten.

Wie sich Maimon mit den scheinbar wider die

---

[62]) Vgl. Magna Moralia I. 16 Ἐπεὶ δὲ τὸ ἑκούσιον ἐν οὐδεμιᾷ ὁρμῇ ἐστίν, λοιπὸν ἂν εἴη τὸ ἐκ διανοίας γιγνόμενον, ferner Eth. Nic. III, 4. ἡ γὰρ προαίρεσις μετὰ λόγου καὶ διανοίας. Mit dieser Definition der Willensfreiheit stimmt auch Alex. Aphr. vollkommen überein; vgl. de fato § 12 'Η γὰρ ἐπὶ τὸ προκριθὲν ἐκ τῆς βουλῆς μετ' ὀρέξεως ὁρμή, προαίρεσις mit Eth. Nic. III, 5 τὸ γὰρ ἐκ τῆς βουλῆς προκριθὲν προαιρετόν ἐστιν.

geben hält, ausgeht, konnte er nicht behaupten, dass eine instinctiv verübte gute That der Belohnung untheilhaftig ist, dass also derjenige, welcher vermöge seiner Naturanlage oder, wie Maimon diese definirt, seiner günstigen Temperaments-Disposition gut ist, auf Belohnung keinen Anspruch habe; denn er würde mit der öffentlichen Meinung des damaligen Judenthums in scharfen Conflict gerathen sein.

Freilich nimmt er auch an, dass eine mit starker Willenskraft, d. h. gegen unsere bösen Naturneigungen vollbrachte gute That — was doch namentlich unter dem aristotelischen $\dot{\epsilon}\varphi'$ $\dot{\eta}\mu\tilde{\imath}\nu$ zu verstehen ist, - grössere Belohnung verdient.

Was nun Maimon für die psychische Beschaffenheit der Freiwahl hielt, spricht er zwar nicht deutlich aus; es lässt sich jedoch aus einigen Stellen der Schluss ziehen, dass er sich die Willensfreiheit als eine von Gott eigens im Menschen geschaffene Seelensubstanz gedacht hat, so dass man darunter etwas concret Vorhandenes, eine psychische Kraft verstehen muss. So sagt er [60]: Wie es in der Urabsicht Gottes lag, dass Feuer und Wind in die Höhe, Wasser und Erde dagegen in die Tiefe gehen, so wollte er auch, dass der Wille des Menschen ihm überlassen bleibe und dass alle seine Thaten ihm anheimgestellt seien oder [61]: Wenn der Mensch aufsteht oder sich setzt, so thut er dies nicht auf unmittelbares Prädestiniren Gottes, vielmehr vermöge der Fähigkeit,

---

[60]) Jad Hachesaka, Hilchot Teschuba, V, 4 כשם שהיוצר חפץ להיות האש והרוח עולים למעלה, והמים והארץ יורדים למטה, ככה חפץ להיות האדם רשותו בידו, וכל מעשיו מסורין לו.

[61]) انه (يعنى الله) جعل فى طباعه S. 62 ثمانية فصول فى اصل وجود الانسان ان يقوم ويقعد باختياره.

menschliche Freiheit sprechenden Bibelversen abfindet, glauben wir nicht mit in Betracht ziehen zu müssen, weil die sich zumeist in der homiletischen Umdeutung des Wortsinnes zuspitzende Textexegese auf Wissenschaftlichkeit wohl keinen Anspruch machen kann und will. Einen bemerkenswerthen Passus wollen wir jedoch, weil er characteristisch ist für die Stellungnahme Maimon's zur Willensfreiheitsfrage, nicht unerwähnt lassen. Er ergeht sich nämlich eines Breiteren über die Verstocktheit Pharao's, die doch auf Gottes Geheiss entstanden ist, und frägt, wie kann man annehmen, dass Gott sein Herz verstockt habe, sein Handeln also ein unfreiwilliges war, da doch jeder Mensch ausnahmslos mit der Willensfreiheit begabt ist? Darauf hat er folgende Antwort[63]): Wenn Gott den freien Willen (zur Strafe) aufheben will, so kann und thut er es auch. Es soll dies keine Beschränkung der Willensfreiheit sein, sondern eine Strafandrohung mit der unumschränkten Allmacht Gottes, die selbst die Freiheit des Menschen, dieses heilige, unverletzliche Recht des Erdenbürgers, aufheben kann.

In Maimonides hatte die jüdische Religionsphilosophie ihren Glanzpunkt erreicht; nach ihm verflocht sich all-

---

[63]) Vgl. ان اختياره انا اراد الله ثمانية فصول ed. Wolf S. 70 ان يبطله فهو يبطله.

S. 64 ibid. rügt Maimon die bisherigen Erklärungsweisen dieser biblischen Passage. Vor Maimon haben die Verstockung Pharaos zu erklären gesucht: Saadia, Emunot Wedeot, deutsch von Fürst, S. 280—81, Abraham ibn Daud, Emuna Rama ed. Weil S. 125; die Versuchung Abrahams erklärt Halévi im Kusari ed. Cassel S. 418. Von christlichen Erklärern sind diese Schwierigkeiten durch homiletische Umdeutung gehoben worden, von Basenius, homil. quod Deus non est auctor malorum 5; Origenes de Principiis III, 1, 13, de oratore 29.

mälig das philosophische Studium unter den Juden zu einer breitgetretenen Bahn des Commentirens, was aber in der Natur der damaligen Verhältnisse begründet ist, da es doch empirisch feststeht, dass eine phänomenale Erscheinung auf allen Wissensgebieten die Mittelgenies verdrängt und ein geistiges Brachliegen Halbbegabter nach sich zieht.

So zehrten noch 2 Generationen von den Brosamen maimonischer Philosophie; keine bedeutsame Erscheinung, kein origineller Kopf zeigt sich uns in dieser betrübsamen Zeit der Oede und Dürre auf jüdisch-philosophischem Gebiet.

Hierzu kam noch der unselige Zwiespalt innerhalb des Judenthums, der die Judenheit in 2 sich schroff gegenüberstehende, in ein philosophiefreundliches und ein antiphilosophisches Lager theilte, für den die bedeutendsten Vertreter beider Richtungen ihre besten Kräfte in einer nutzlosen, unerquicklichen Polemik vergeudet haben — ein Streit, der in der Asche des maimonischen More und später im Auto-da-fé der Talmudexemplare in Paris zum schauerlichsten Austrag gekommen ist.

Was speciell die Willensfreiheit betrifft, so litt diese gewaltig unter dem verdunkelnden Nebel der Astrologie, die, einem trüben Flor gleich, den ätherreinen philosophischen Horizont der Juden bedeckt hatte. Diese Afterwissenschaft zieht sich wie ein rother Faden durch mehr denn ein Jahrtausend jüdischer Culturgeschichte und zählt die glanzvollsten Namen, wie Samuel Hanagid (geb. in Cordona 993), ibn Gabirol, Abr. ibn Ezra u. A.[64]), die wir sonst nur mit ehrfurchtsvoller Scheu und berechtigtem Stolz erwähnen, zu ihren Anhängern. Die

---

[64]) Vgl. Schmiedl a. a. O. S. 308 ff.

Astrologie nun ist das alter ego des Fatum, der krasse Verhängnissglaube in modern zugestutztem, mit dem Nimbus der Wissenschaftlichkeit umgebenen Gewande. Und ebenso wie die Freiheit im Munde des strengen Fatalisten zur leeren, inhaltlosen Phrase hinuntersinkt, so verliert sie auch beim Astrologen, dem verfeinerten Fatalisten, ihre ureigenste Bedeutung; denn sie kann nur bei einem klaren, lichtvollen Geiste volle Würdigung finden, dem Geistesbefangenen aber ist und bleibt sie ein nichtssagender, abstracter Begriff, dessen tiefere Bedeutung ihm nie zum klaren und vollen Bewusstsein kommen wird. Diesem Umstande ist es namentlich zuzuschreiben, dass der weit über dem philosophischen Bildungsniveau seiner zeitgenössischen Glaubensbrüder stehende und an Originalität alle überragende Levi bei Gerson aus Bagnol (Provence) — geb 1288, gest. um 1345[65] —, unter der Abbreviatur רלב״ג bekannt, der Frage nach der menschlichen Willensfreiheit nicht jene Beachtung widmet, welche wir bisher bei den jüdischen Religionsphilosophen vorfanden, was uns um so mehr wundern muss, als er öfters hart an dieselbe anstreift, ohne sie, was ihm bei seiner allzugrossen Breitschweifigkeit keine grosse Mühe gekostet hätte, in ihrem Wesen zu definiren. Er begnügt sich damit, die Thatsache der Existenz der Willensfreiheit zu constatiren, ohne jedoch mit Nachdruck für sie einzutreten oder gar triftige Beweisgründe für dieselbe zu erbringen[66]. Und gerade darin besteht die strengmarkirte Scheidelinie zwischen ihm und seinen Vorgängern, gerade

---

[65] Vgl. Grätz G. d. J. Bd. VII, S. 345; Joel Levi b. Gerson als Religionsphilosoph S. 6.

[66] Vgl. Milchamot Haschem III, Cap. 3, 5 und 6; Joel, Levi b. Gerson S. 59; Isidore Weil Philosopie réligieuse de Levi b. Gerson S. 124.

darin äussert sich seine ängstliche Nachahmungssucht und sklavische Nachtreterei des averroistisch gefärbten Aristoteles[67]), dass er die Willensfreiheit nicht, wie die Präscienz und Providenz, als gleich berechtigte philosophische Frage behandelt; er drängt sie vielmehr, gleich ibn Roschd, in den Hintergrund philosophischer Betrachtungen, während seine Vorgänger, und namentlich der bedeutendste unter ihnen, der von ihm so hoch verehrte Maimonides, von der Willensfreiheit ausgehend, die sich nothwendig an sie anschliessenden Fragen nach der göttlichen Präscienz und Providenz erst nachträglich behandelt haben. War die Freiheit für alle jüdischen Philosophen vor Gersonides ein Hauptfactor, weil die sociale und sittliche Weltordnung auf ihr beruht, so sinkt sie bei ihm zur leeren Formel herab.

Auch kann uns die Concession des Gersoniden, dass des Menschen Wille von solcher Intensität sei, dass er selbst die Beschlüsse der Sterne annulliren könne, und seine, zwar nicht offen ausgesprochene, aber doch mehrfach ziemlich deutlich angedeutete Verzichtleistung auf die göttliche Präscienz zu Gunsten der Freiheit, nicht befriedigen. Denn soll der menschliche Wille ausser dem ewigen Streite gegen seine bösen Naturtriebe, noch gegen überirdische, ihm völlig unbekannte Mächte ankämpfen müssen, so ist dies keine Freiheit mehr, sondern ihr verblasster Abklatsch.

Wie ganz anders plaidirt Maimonides für die Freiheit!

Der Mensch ist weder irgend einem Zwange, noch auch irgend welcher Beeinflussung göttlicherseits unterworfen, vielmehr thut er aus sich selbst heraus und ver-

---

[67]) Vgl. darüber Rénan Averroes S. 153.

möge der von Gott ihm verliehenen Vernunft all
Dasjenige, was in den Bereich des vom Menschen
Möglichleistbaren fällt [68]).

Die scharfe Rüge also, welche dieser über die aber-
gläubischen Ueberbleibsel einer verschollenen, finsteren
Periode weit erhabene Geist, Maimonides den Astrologen
ertheilt [69]), ist, wie uns dies die schädlichen Auswüchse
dieser Afterlehre zur Genüge beweisen können, in vollem
Masse berechtigt und zutreffend.

Einen redlichen Willen, das Princip der menschlichen
Freiheit, gegen die Angriffe des Apostaten Abner Alfonso,
der zur Beschönigung seiner Apostasie den Fatalismus
mit allen seinen Consequenzen in einem offenen Schreiben
vertrat, in seinem ganzen Umfange aufrecht zu halten,
zeigt der geistreiche More-Comentator Mose ben Josua
Narbonni — geb. um 1300, gest. 1362 [70]) —, in seinem
Schriftchen המאמר בבחירה, das, direct gegen Abner gerichtet, alle von den Vertheidigern des Fatalismus erbrachten Beweismomente mit scholastisch-dialectischer
Schärfe widerlegt. Aber auch er verfällt in den Fehler
seiner Zeitgenossen, wenn er die Freiheit nur indirect

---

[68]) Jad Hachasaka, Hilchot Teschuba V, 4 ולא יהיה לו לא
כופה ולא מושך, אלא הוא בעצמו ובדעתו שנתן לו האל, עושה כל
שהאדם יכול לעשות.

[69]) So z. B. وانما بينت لك هذا ثمانية فصول ed. Wolf S. 54
لئلا تظن تلك الهذيانات التى يكذبو بها اصحاب احكام
النجوم.

[70]) Vgl. Munk Mélanges de la philosophie juive et arabe p. 592 Note.
Narbonni's polemische Schrift המאמר בבחירה ist in der Bibliothèque
royale, fonds hébreu 403² vorhanden, und nach diesem Manuscript
wurde ein Abdruck besorgt von Eliez. Aschkenasi, in seinem Sammel-
werk ספר דברי חכמים (Metz 1849), mit einer Einleitung des Sal.
Munk versehen.

beweist, oder doch zu beweisen glaubt. Er nimmt die menschliche Selbstbestimmung als etwas Zugestandenes, allgemein Anerkanntes an, und von dieser Prämisse ausgehend gelangt er zu dem negativen Resultat, dass sie mit der göttlichen Präscienz und Providenz nicht collidire, dass sie neben und trotz der Providenz gedacht werden könne. Wie ist es denn aber, wenn die Freiheit als solche, seine Grundprämisse, abgesehen von ihrer scheinbaren Unvereinbarkeit mit der göttlichen Providenz und Präscienz, nicht zugestanden wird?

Diese Eventualität scheint Mose Narbonni gar nicht in Betracht gezogen und seine Beweisführung also nicht danach eingerichtet zu haben. Hätte er, wie es Saadia mit grosser Geistesgewandtheit gethan, positive Belege für das Factum der Willensfreiheit erbracht und auf dieser Grundlage seine Deductionen weitergeführt, dann würde seinen Ausführungen eine grössere Ueberzeugungskraft und Evidenz innewohnen, die man so bei aufmerksamer Lectüre seines המאמר בבחירה vermisst.

Freilich steht er im Princip insofern auf maimonischem Standpunkt, als er sich die Freiheit als eine Naturbeschaffenheit, als eine dem Menschen inhärirende Separatsubstanz gedacht, von der er annahm, dass sie nach vorangegangener harmonischer Association mit dem menschlichen Intellect, von der Potentialität in die Actualität tritt. Er drückt diesen Gedanken, wenn auch nicht mit ganz demselben Wortlaut, so doch mit dem gleichen Beispiel, durch welches Maimon diesen Gedanken zu veranschaulichen gesucht hat, aus. Er sagt nämlich [71]):

---

[71]) כמו שבכה האבן שתרד בטור המכריה בהיותה S. 39 דברי חכמים במקום הבלתי טבעי לה כן בכה הארם בעל בחירה על שירצה או לא ירצה ויפעל או לא יפעל. Ganz dasselbe Beispiel findet sich

Wie es in der Naturanlage des Steines liegt, dass er, in die Höhe geworfen, nothwendig zur Erde fallen muss, so hat auch der Mensch eine freiheitliche Anlage, wodurch er Alles, was für ihn möglich ist, thut oder unterlässt.

Mit anerkennenswerthem Eifer tritt der herrschenden Lauheit in der Auffassung der menschlichen Spontaneität der karäische Religionsphilosoph Ahron b. Elia aus Nikomedien — gest. Sept. 1369 —, in seinem religionsphilosophischen Werke Ez Chaim[72]), entgegen. Hatte Gersonides das Princip der menschlichen Spontaneität auf ein kaum nennenswerthes Minimum reducirt, so tritt es bei ihm, dem karäischen Maimonides — wie seine engeren Glaubensbrüder Ahron Nikomedi euphemistisch nennen — in um so grösserer Dimension und in ausgesprochener Form zu Tage. Wie er so Manches, ja wie Delitzsch nachgewiesen hat, das Beste und Wesentlichste in seinem Werke, seinem grossen Vorgänger Maimon entnommen hat[73]), so stimmt er auch mit ihm in dem schweren Tadel gegen die Astrologie überein[74]), indem er den Versuch, trotz der Annahme eines bestimmenden Ein-

---

auch bei Maimon ثمانية فصول S. 60, ferner bei Schahr. H. I, 56 als die Theorie des an-Nazzâm angeführt. Die Primärquelle dafür ist wahrscheinlich Alex. Aphr. l. c. § 13 καὶ γίνεσθαι τὴν τοιαύτην κίνησιν ὑπὸ τῆς εἱμαρμένης, διὰ τοῦ λίθου.

[72]) Dieses Werk ist durch die ausgezeichnete Ausgabe des Prof. Delitzsch zur richtigen Würdigung gelangt. Ueber das Todesjahr vgl. Prof. Delitzsch Ausgabe des עץ חיים Einleitung S. VI.

[73]) Vgl. Delitzsch Anecdota S. 329 ff.

[74]) Ez Chaim Cap. 87 ed. Delitzsch S. 119 אמנם קצת מאנשי אומתנו המתפתים אחרי זאת הדעת ומתפארים בתחבולות ההבל לאמתה שהם אומרים אמת שהאדם מולדו לפי המערכת ישימוהו בעל מעלה או בעל הסרון ועם זה כל אומרים שפעולותיו מסורות לו.

Ob er hier speciell Gersonides geisseln will, den er ja chronologisch betrachtet, wohl hätte citiren können, bleibt dahingestellt.

flusses der Constellation die Willensfreiheit behaupten zu wollen, zur Thorheit stempelt.

Nach einem etwas langwierigen Exposé, in dem er die Hauptansichten über Freiheit, Providenz und Präscienz bekämpft, gelangt er Cap. 89 zu seiner eigenen, die freilich wenig Originelles bietet. Denn, wenn Ahron Nikomedi in Bezug auf die Schwesterfragen der Freiheit, die Präscienz und Providenz, eine von Maimon in einigen Punkten abweichende Ansicht geäussert hat, so bewegt er sich in seiner Definition der Freiheit selbst doch nur im maimonischen Gedankenkreise. Und mag sich auch Ahron Nikomedi zu der apodictischen Behauptung versteigen[75]: Wir müssen glauben, dass der Mensch vollständig freie Wahl hat das Gute und dessen Gegentheil zu thun, so ist dies nichts Neues, sondern nur ein matter Reflex der brillanten Vertheidigung der Willensfreiheit seitens Maimonides. Dass Ahron Nikomedi in der Behandlung der Freiheit über Maimonides nicht hinauskam, liegt wesentlich an seinem Mangel an jener systematischen Durchbildung und Originalität, die Maimonides in so eminentem Grade besass; daher, dass seine schablonenmässige Behandlung der Freiheit nichts weniger als auffällig erscheint.

In die Zwitterstellung zwischen Aristoteles und die Mutaziliten gerieth Ahron Nikomedi durch seinen, von seinem karäisch-orthodoxen Standpunkte allerdings erklärlichen, blinden Autoritätsglauben, der ihm die vermeintlichen Koryphäen der karäisch-philosophischen Schule in einem hellstrahlenden und ungetrübten Lichte erscheinen

---

[75] ibid. ed. D. S. 131 צריך להאמין שהאדם בעל יכולת נמורה והוא בן בחירה לעשות הטוב והפכו ... Vgl. auch das Schlussresümé S. 133 סוף דבר האדם בעל יכולת נמורה והוא בן בחירה לעשות הטוב והפכו.

liess. Da nun ein Anlehnen an diese vorgeblichen Lumina in der Philosophie zugleich auch eine Annäherung an die Mûtaziliten, die von den Karäern schematisirten Philosophen, involvirt, so sind die Gründe seines Abhängigkeitsverhältnisses zu den Mûtaziliten auf der Hand liegend. Ahron musste aber anderseits auch den vom Aristotelismus durchwehten Anschauungen seiner Zeit den Tribut zollen, wenn er sich zwar in offene Opposition zu dem von seinen Zeitgenossen als geradezu unfehlbar erklärten Aristoteles zu setzen versucht — was in Spanien im 14. Jahrhundert sehr viel sagen wollte —, nichtsdestoweniger seine philosophischen Waffen aus der Rüstkammer seines ihm unverhältnissmässig überlegenen Antagonisten holt und so manches Aristotelische, vielleicht des Ursprunges unbewusst, in sein religionsphilosophisches System aufnimmt[76]). Diese Mittelstellung tritt in seiner Behandlung der Freiheit recht grell hervor. Hatte sich Nikomedi als entscheidende Autorität für die Willensfreiheit seinen bedeutendsten karäischen Vorgänger Joseph Haroe herbeigeholt[77]), so spricht er gleich darauf die aristotelische Distinction des Instinctiven vom sittlichen Wollen aus — eine Scheidung, die die Mûtaziliten wohl nicht geahnt haben —, sodann führt er gleich darauf den maimonischen Lehrsatz von der Quiddität des menschlichen Willens als psychischen Vorgang an, den Maimonides so

---

[76]) Diesen Zug hat er mit Juda Halévi und Chasdai Crescas gemein; über sein Verhältniss zum Kalâm einer- und zu Aristoteles anderseits, vgl. Delitzsch Anecdota § 4; Renan Averroes, S. 154.

[77]) Vgl. Ez Chaim ed Delitzsch S. 131. ואמנם להאמין שהאדם בעל יכולת נמורה נתבאר בספר המחקר. Unter diesem Titel ist das ספר הנעימות, arab. الماحتنوي des Joseph Haroeh zu verstehen Die auf obiges Citat folgende Passage ist dunkel. Ich habe mich an die Inhaltsangabe S. XXXVIII gehalten.

formulirt hatte, dass der Wille eine von Gott dem
Menschen bei der Geburt in die Natur gelegte Sondersubstanz sei — eine Lehre, die mit der ascharitischen
stark contrastirt, worauf Nikomedi nicht verfehlt aufmerksam zu machen. Um aber das Potpourri entlehnter
Gedanken zu vervollständigen, beantwortet er die gegen
die menschliche Freiheit aufgeworfene Frage, wie man
sich die auf göttlichen Willen erfolgte Verstocktheit
Pharao's erklären müsse, ganz wie Maimonides, indem er
behauptet, Gott habe Pharao die Freiheitskraft genommen[78]).
Dass er dabei verabsäumt, Maimon als den Träger dieses
Gedankens anzuführen, darf keineswegs für ein Plagiat
gehalten werden, weil das namentliche Citiren im Mittelalter noch nicht so streng innegehalten wurde.

Die reactionäre Bewegung gegen Aristoteles, die bei
Ahron Nikomedi, wenn auch nicht zum vollen Durchbruch
gekommen ist, so doch von ihm, zwar etwas verblümt,
angebahnt wurde, fand ihren redegewandtesten Vertreter
in Chasdai Crescas, einem Manne von nicht zu unterschätzender philosophischer Bedeutung und Originalität,
der dem geradezu bis zum Ueberdruss gesteigerten
Aristotelescultus mit offenem Visier und mit einer Energie

---

[78]) ibid. S. 132 לא שבטל היכולת מהיותה כוללת שני מינים אמנם
בטל הבחירה שיהיה מוכרח לצד אחד וזה על צד העונש. Der Unterschied, den Nikomedi zwischen יכולת und בחירה macht, ist ein
Sophismus, was er selbst wohl herausgefühlt haben mag, da er
gleich darauf sagt אמנם מצאנו שהשם יבטל רצון האדם ויכריחנו בענין
כמו שבארנו הוא על צד העונש בדרך מרדכי הנפלאות, denn wenn
Gott Einem die Freiwahl wegnimmt, indem er ihn zwingt, sich
seiner Macht, nach beiden Seiten hin wirken zu können, zu begeben,
so hört für denselben die Natur des Möglichen eo ipso auf; man
müsste denn die göttliche Allmacht einschränken wollen, was doch
Ahron Nikomedi's Intentionen gewiss nicht entsprach.

entgegentrat, die uns um so bewunderungswürdiger erscheinen muss, als in den Augen der damaligen Philosophen ein Angriff auf Aristoteles wohl mit einer Heiligenschändung gleichbedeutend war. Fehlte doch nicht viel zur Heiligenerklärung Aristoteles! Es gehörte also kein geringer Grad von Selbstbewusstsein dazu, im 14. Jahrhundert in Spanien mit Aristotelis offen in die Geistesarena zu treten, ohne Furcht, sich für dieses Wagniss den Spottpfeilen der ganzen philosophischen Welt auszusetzen [79]).

Hatte Chasdai Crescas — von 1340 bis 1410 — bei dem wenn je, so doch sicherlich bei seinem religionsphilosophischen Werk Or Adonai der ovidische Vers »habent sua fata libelli« seine vollste Bestätigung findet, da es von Wenigen gekannt und gelesen, von noch Wenigeren verstanden und von den Allerwenigsten in richtigem Masse gewürdigt wurde, — hatte dieser in seiner Polemik gegen die absolute Glaubhaftigkeit der Philosophie überhaupt, unter den Juden Halévi und unter den Muhammedanern den berühmten Skeptiker Al-Gazzali, und in seinen Angriffen auf Aristoteles speziell, Ahron Nikomedi zu mehr oder weniger ebenbürtigen Vorgängern gehabt, so verfällt er in seiner Auffassung und Definition der menschlichen Willensfreiheit in eine so absolute Isolirtheit, dass wir uns unter allen jüdischen Philosophen vergebens um eine, auch nur annähernd gleiche Ansicht in der Negation der Freiheit umsehen. Mit grosser

---

[79]) Wie hoch ihm dieses offene Auftreten gegen Aristoteles angerechnet wurde, beweist auch der Ausspruch des Simon Luzzatto über Crescas, citirt bei Joel Don Chasdai Crescas' religionsphilosophische Lehren S. 75 »Eum (sc. Gersoniden) secutus est R. Chasdai, acutissimi vir ingenii, qui primus philosophiam Aristotelicam oppugnare aggressus est«.

Gründlichkeit und anerkennenswerther Objectivität, die sich namentlich darin äussert, dass er die Ausführungen seiner philosophischen Gegner wortgetreu, ohne jene Entstellung und Modellirung, in der sonst die gegnerischen Ansichten so dargestellt zu werden pflegen, dass ihre Bekämpfung wesentlich erleichtert wird, wiedergiebt, stellt er (Or Adonai II, Abschnitt 5, Cap. 1 und 2) den Vertheidigern der Möglichkeits-Theorie die Leugner derselben, mit ihren resp. philosophischen und theologischen Beweisgründen, entgegen. Darin aber geht er schon unendlich weiter, als die übrigen Religionsphilosophen, denn wenn die Leugner der Natur des Möglichen, zu denen vor Crescas wohl nur die Gabarija, Ascharija und der orthodoxe Kalâm überhaupt gezählt wurden, von den philosophirenden Juden bekämpft, ja perhorreszirt wurden, so hielten die Juden es doch nicht der Mühe werth, an eine ernstliche Widerlegung oder eingehende Kritik dieses ascharitischen Princips zu denken; sie begnügten sich vielmehr damit, die Nichtigkeit und Absurdität dieses Princips mit einigen Worten zu beweisen, während die Negation der Natur des Möglichen bei Crescas die Form eines logisch wohldisponirten und philosophisch abgerundeten Systems gewinnt. Da nun dieses System bei den Ascharîja nur eine vage, unerwiesene Behauptung war, die von den jüdischen Philosophen als religiöses Dogma zwar mit vollem Rechte bekämpft und ganz kurz abgefertigt wurde, als philosophische These aber vollständige Ignorirung fand, so müssen wir schon a priori die sich bei oberflächlicher Betrachtung uns aufdrängende Analogie zwischen dem Crescas'schen Willenssystem und dem ascharitischen für vollständig illusorisch halten. Wir dürfen in dieser Sonderstellung des Crescas keinen Rückfall zu dem allgemein als überwunden erklärten ascharitischen System erblicken, wie dies Schmiedl andeutungsweise gethan hat, sondern wir müssen seine Beweggründe, von der jüdisch-philosophischen Heerstrasse abzuweichen, um in eine neue, von den Juden noch nie betretene Bahn einzulenken, als tiefer liegend bezeichnen.

Hätte Crescas thatsächlich keinen andern Stützpunkt für seine Negation der Natur des Möglichen und der mit ihr innig zusammenhängenden und durch sie bedingten Willensfreiheitsfrage, als die philosophische Nullität der Ascharîja gehabt, dann wäre er wohl kaum mit einer so unjüdischen, ja geradezu religionswidrigen Meinung, so selbstbewusst und frei aufgetreten; allein ihm standen in dieser Negation der Possibilität die Autoritäten keiner geringeren Philosophen, als al-Gazzali's und ibn Roschd's zur Seite, die eine in vielen Punkten mit Crescas übereinstimmende Ansicht über die Natur des Möglichen geäussert haben [80]). Und doch gehörte kein geringer Muth dazu, gegen das seit Jahrtausenden [81]) im inneren Seelen-

---

[80]) Wir verweisen auf ibn Roschd's diesbezügliche Ausführungen in »Philosophie und Theologie« S. 97 und Zusatz S. 119. Vgl. auch Stöckl Geschichte der mittelalterlichen Philosophie Bd. II, S. 118. »Offenbar ist durch diese (averroistische) Lehre die menschliche Freiheit auf ein ganz geringes Maass zurückgeführt; der Determinismus wiegt entschieden vor.

[81]) Vgl. Munk Mélanges S. 462 »La doctrine du libre arbitre est une des doctrines fondamentales du Mosaïsme«, ferner Bergier in der Encyclopédie Méthodologique, Theil: Théologie II, S. 429 »Il n'est aucune vérité plus clairment révélée ni plus souvent répetée dans les livres saints que le libre arbitre de l'homme; c'est une des premières leçons que Dieu lui a données«.

Von den ersten philosophirenden Juden gilt im Allgemeinen dasselbe. Von den Essäern sagt Neander Kirchengeschichte Bd. I, S. 78 »Sie betrachten alle Menschen als zur persönlichen Freiheit bestimmte Vernunftwesen.« Von den Saducäern gilt das Allgemeinurtheil, dass sie sogar Gottes Vorsehung geleugnet haben, um

leben der Juden tiefwurzelnde Bewusstsein der sittlichen Freiheit, gegen diesen Grundpfeiler der jüdischen Religion, die ihm ja auch über Alles heilig war, polemisch aufzutreten.

Allein wenn wir die näheren Verhältnisse des Crescas, die ihn als tiefreligiösen Denker erscheinen lassen, überhaupt um dessen Beziehungen zu Gersonides speciell in

---

nur die Freiheit des Menschen aufrecht halten zu können. Vgl. über dieselben: Josephus, Antiqu. Jud. XIII, Cap, 9, sowie Franck Etudes Orientales S. 297, der sie sogar — eine etwas gewagte Behauptung — mit den Epicuröern vergleicht, ferner Neander a. a. O. S. 72, Munk, Mélanges S. 467. Ueber die Pharisäer endlich divergiren die Aussagen des Flavius Josephus, Antiquit. Jud. XVIII, Cap. 2, Bell. Jud. XXI, Cap. 8, mit Philo's Angaben, welcher erstere sie die Freiheit vollständig leugnen lässt, während der letztere ihnen nur den Glauben an eine partielle Freiheit vindicirt. Philo behauptet nämlich, dass die Pharisäer das Gute Gott zugeschrieben und nur das Böse dem Menschen anheimgestellt haben.

Franck a. a. O. S. 301 entscheidet sich für die philonische Aussage, weil Josephus, wenn er auch den Pharisäern zeitlich näher stand, doch von seinem saducäischen Parteistandpunkte aus die Pharisäer geflissentlich mit einem etwas grell aufgetragenen Colorit gefärbt haben mag, um seine Antagonisten in ein recht ungünstiges Licht zu setzen. Auch die jüdischen Alexandriner haben sich redlich abgemüht, die Willensfreiheit, trotzdem sie ihnen keineswegs in ihr philosophisches Gefüge passte, mit Nachdruck zu behaupten. So sagt von ihr Philo, Quod Deus immut. ed. R. p. 76 »$μόνον\ αὐτὴν\ ὁ\ γεννήσας\ πατὴρ\ ἐλευθερίας\ ἠξίωσε$.« Wenn es nun auch nicht unangefochten feststeht, dass Philo sich voll und ganz zur menschlichen Freiheit bekannt habe, welche Ansicht z. B. Munk Mélanges p. 465 vertritt — il reconnaît néanmoins d'une manière absolue la liberté humaine, — sondern dass er vielleicht zwischen der Annahme und Nichtannahme der Willensfreiheit geschwankt habe — so Franck la Cabbale, deutsch von Gellinek S. 232, — so musste Philo, theoretisch wenigstens, sich unbedingt zu ihr bekennen, weil sie zu seinem ethisch-practischen Zweck geradezu unentbehrlich war. Vgl. Ritter Geschichte der Philosophie Bd. IV, S. 494.

Betracht ziehen, so lichtet sich doch einigermassen der trübe Schleier, der das Dunkel der ungenügend motivirten Negirung der Freiheit seitens Crescas umgiebt.

Denn hatte Gersonides — von seinem rationelleren Standpunkte aus allerdings berechtigt — die Allwissenheit Gottes, ohne es sich offen einzugestehen, zu Gunsten der Freiheit geopfert, so musste sein ausgesprochener Widerpart, Crescas, wollte er sich nicht mit der von Maimonides aufgestellten und nicht genugsam anerkannten Theorie von der Unzulänglichkeit und Incompetenz des menschlichen Verstandes zufriedenstellen — in welchem Falle er seinem Gegner zwar das Feld hätte räumen müssen, aber doch ein befriedigenderes Resultat erzielt haben würde —, so musste Crescas, um einen anderen Ausweg aus dem Dilemma zu finden, ebenfalls ein Opfer bringen. Dieses bestand bei Crescas nun in der partiellen Leugnung der Willensfreiheit, weil er die göttliche Präscienz ganz intact lassen wollte und weil er es für religiös zulässiger erachtete, dem Menschen die Krone, seine Freiheit zu entziehen, als dass die Vollkommenheit Gottes und der ihm zugeschriebenen Eigenschaften nur im Entferntesten Einbusse erleiden. Die Art und Weise, wie Crescas die, wie uns scheint, aus den angegebenen religiösen und nicht aus speculativen Gründen hervorgegangene, theilweise Leugnung der Freiheit und mit ihr die problematisch gewordene Natur des Möglichen philosophisch rechtfertigt und logisch deducirt, ist recht interessant, ja diese Passage gehört zu den interessantesten und originellsten des Or Adonai nicht nur, sondern der gesammten religionsphilosophischen Litteratur der Juden, und sie legt von der geistigen Schärfe des Verfassers das glänzendste Zeugniss ab. Crescas führt zunächst [82] die

---

[82] Or Adonai II, Abschn. 5, Cap. 1.

Beweise für die Natur des Möglichen als reale Existenz, deren er 5 speculative — von denen aber 3 als nicht stichhaltige Trugschlüsse nachträglich von ihm angefochten werden — und 2 religiöse zählt, an, um sodann in der Antithese 7 philosophische Beweise und einen religiösen für die contradictorische Annahme zu erbringen. Alle diese Beweise sind von den jüdischen Vorgängern des Crescas gar nicht, wenigstens nicht in dieser Vollständigkeit und in so knapper, ausgeprägter Form, vorgebracht worden. Es bleibt nun Crescas, nachdem er das die Willensfreiheit und Possibilität betreffende Für und Wider gegen einander aufgewogen hatte, nichts übrig, als ein Justemilieu herzustellen, das darin besteht, dass er einräumt, ein Ding könne zugleich möglich und nothwendig sein, wenn wir nur die verschiedenen Standpunkte berücksichtigen, d. h. an sich ist ja jede Sache möglich, da keine innere Nöthigung vorliegt, mit Rücksicht auf ihre Ursache aber ist sie nothwendig. Er will sagen: Jedes Entstehen ist nothwendigerweise an eine es veranlassende Ursache geknüpft, diese wiederum ist von einer andern bedingt, diese wieder von einer andern, und so gelangen wir vermittelst dieser Causalitätskette endlich zu ihrem Cumulationspunkte, zur ersten Ursache, welche aber Gott ist[83]). Daher kommt es nun, dass, von Gott aus betrachtet, jedes Ding aus einer vorangegangenen Ursache nothwendig emanirt, an und für sich aber ist das Ding noch möglich, weil kein inneres nöthigendes Muss vorhanden ist[84]). Dass unter diesen Umständen eine

---

[83]) Es ist dies das bereits bei Abraham ibn Daud erwähnte Verkettungsprincip; bei Aristoteles heisst es τὸ κινῆσαν.

[84]) Diese Unterscheidung hat, wenn auch nicht in dieser Ausdehnung, so doch auch schon ibn Sina gemacht, vgl. Sch. H. II, 261. Gazzali dürfte die Anwendung dieses Unterschiedes auf die

strengere Fixirung und logisch durchgeführte Scheidung des Möglichen vom Nothwendigen unmöglich ist, sieht er selbst ein, und gehört es nur zu seinen frommen Wünschen, eine strengmarkirende Scheidelinie zu finden [85]). Der Causalitätsgrund, durch den Crescas die Natur des Möglichen in Frage gestellt hat, verliert auch, wenn wir von der Verallgemeinerung in seiner Anwendung auf die reale Existenz des Möglichen weitergehen und ihn bei dem Willen des Menschen, der doch das Möglichsein zur unbedingtesten Voraussetzung hat, specialisiren, durchaus nicht seine Gültigkeit und Beweiskraft. Denn, so meint er, wir werden doch zugeben, dass der Mensch keine That ohne innere oder äussere Veranlassung begeht; unsere Handlungen sind also auf unsern Willen beeinflussende Ursachen zurückzuführen.

Setzen wir nun den hypothetischen Fall [86]), es könnten zwei Menschen von absolut gleicher psychischen

---

Freiheit und göttliche Allwissenheit zuerst versucht haben, dem Crescas sodann diesen Gedanken entlehnt hat. Vgl. Abarbanel in seinem Pentateuchcommentar, Genesis 18,20.

[85]) Or Adonai II, Abschn. 5 Capitel 3. ונאמר שאחר שיש בכאן טענות מתחייבות מציאות טבע האפשר וטענות מחייבות העדרו הנה לא נשאר אלא שיהיה טבע האפשר נמצא בצד מה ובלתי נמצא בצד מה ומה הם אלו הצדדין מי יתן ואדע!

[86]) ibid. ולוה לא יצוייר שיהיו שני אנשים על מצב אחד ומזג אחד ותכונה אחת ויחס אחר לדבר מה בלי חלוף כלל לא יעבר שיבחר האחד מציאתו והאחר העדרו אבל יתחייב שיבחר וירצה האחד מה שבחר ורצה האחר.

Ein ähnliches Beispiel befindet sich in umgekehrter Argumentation bei Alex. Aphr. de fato § 15, Τὸ δὲ ἐποχουμένων τῷ εἴδει τῶν αὐτῶν περιεστώτων, ὅτε μὲν οὕτως ὅτε δὲ ἄλλως ἐνεργήσει τίς.. . . . Auch Schopenhauer bedient sich eines ähnlichen Arguments. Vgl. die beiden Grundprobleme der Ethik S. 54 der zweiten Ausgabe.

Constitution, von gleichen Anschauungen und völlig demselben Verhältnisse zu irgend einer Sache, existiren, dann werden wir doch offenbar darin übereinstimmen, dass sie nicht Verschiedenes, sondern unfehlbar Dasselbe wählen werden, weil die Veranlassungsgründe ganz dieselben sind. Was er also von der Natur des Möglichen gesagt hat, gilt im Wesentlichen auch von der Freiheit des menschlichen Willens. Der Mensch ist frei insoweit, als er sich schlechterdings der Nothwendigkeit nicht bewusst wird; vom Standpunkte der Ursache gesehen aber ist er unfrei, weil er nicht absolut spontan, sondern nur in Folge der auf seinen Willen influenzirenden Ursache handelt. Einen Augenblick scheint Crescas, vielleicht zur Sühne dieser letzten allzu kühnen Behauptung, in die maimonidëische Fährte, zu Gunsten der Freiheit, einzulenken. Er macht uns nämlich die Concession[87]), dass sogar zugestanden werden könne, ein Ding sei sowohl in Bezug auf die eigene Wesenheit als auch hinsichtlich der Ursachen möglich, es liege nur vom Gesichtspunkte der göttlichen Präscienz eine Nothwendigkeit vor. Allein gerade dieser letzte Umstand ernüchtert ihn wieder und zwingt ihn, seine einmal aufgenommene Behauptung, dass jedes Ding durch die Ursächlichkeit determinirt sei, wieder aufzunehmen; denn der göttlichen Präscienz hat er ja, wie wir sehen werden, ausnahmslos Alles subordinirt. Wir sehen, dass sich Crescas redlich abgemüht hat, sich über das unleugbare Factum der sittlichen Freiheit hinwegzusetzen — ein Umstand, der uns den von Jules Simon aufgestellten Satz[88]): »Um dazu zu gelangen, dem

---

[87]) ibid. Cap. 3 . . זה שיהיה הדבר אפשרי בבחינת עצמו וסבותיו ומחוייב בסבת ידיעתו (ית׳).

[88]) Jules Simon, la liberté I, p. 6 »Pour arriver à supposer

Menschen die Freiheit abzusprechen, muss man erst viel nachgedacht und eine Unmenge von Sophismen aufgestellt haben«, mit dem wir uns in seiner Allgemeinheit nicht befreunden können, weil wir den Naturmenschen für einen Anhänger des Fatumglaubens halten, durch das Zutreffende auf Crescas' Ausführungen jedoch in weniger paradoxem Lichte erscheinen lässt.

Hatte sich nun Crescas mit der Wahlfreiheit von der philosophischen Seite aus, durch eine mehr oder weniger begründete Negation abgefunden, so verkennt er keineswegs die Schwierigkeiten, die sich ihm von der jüdisch-dogmatischen Seite entgegenstellen, da ja theils der einfache Wortsinn der heiligen Schrift an mehreren Stellen eine unbeschränkte Freiheit des menschlichen Willens unzweideutig aussagt, theils und besonders vom freien Willen Lohn und Strafe — die er sich aus der göttlichen Liebe emanirend gedacht — nothwendig dependirt, wodurch also die Allgerechtigkeit Gottes in Mitleidenschaft gezogen, ja fragwürdig wird. Erfolgt nämlich Alles mit Nothwendigkeit, dann ist nicht abzusehen, zu welchem Zwecke Gesetzesvorschriften vorhanden sind? Gravirender ist noch die Frage, mit welchem Rechte auf Gebotserfüllungen Lohn, auf Uebertretungen Strafe erfolge? Der Zweck der Gebote, antwortet Crescas, ist, dem Menschen die einzig richtige Bahn und Norm für die Glückseligkeit anzuweisen. Lohn und Strafe verhalten sich nun zum göttlichen Gebot, wie Ursache und Wirkung; auf Gebotserfüllungen folgt nothwendigerweise Lohn, auf Uebertretungen dagegen Strafe, was aber ebensowenig ungerecht ist, wie wenn einer, der sich, wenn auch un-

---

que l'homme n'est pas libre ... il faut avoir beaucoup raisonné, entassé un grand nombre de sophismes«.

freiwillig, dem Feuer nähert, von demselben verbrannt wird. Die nach dieser Theorie sich ergebende Hauptschwierigkeit ist, wie man da zwischen bewusster und unbewusster That dermassen unterscheiden könne, dass erstere straffällig, letztere dagegen straffrei sei, da doch die mit Bewusstsein verübte That keine perfect spontane war, eine Bestrafung also sich mit der göttlichen Allwissenheit nicht verträgt; dass aber der ganze Unterschied darauf hinauslaufen sollte, dass man bei der ersteren das Gefühl der Freiheit inne wird, wiewohl man thatsächlich nicht frei ist, bei der letzteren aber ein Gefühl des Zwanges verspürt, das wäre doch des Paradoxen zu viel[89]). Noch viel unbegreiflicher muss es aber erscheinen, wie man für Glaubensmeinungen, die doch gewiss aus innerer Nöthigung, ohne unser Hinzuthun, erfolgen, zur Verantwortung gezogen werden könne? Die Antwort, die Crescas auf alle diese Fragen giebt, ist zwar nicht ungeschickt angelegt, setzt aber, wenn man sie ernstlich acceptiren und durch sie religiös consolidirt sein will, ein entschieden gläubiges und für Mystik empfängliches Gemüth voraus. Ihm gilt nämlich als Kriterium für den Werth und die Beschaffenheit einer Handlung die innere Freudigkeit des Willens und die dabei an den Tag gelegte Gesinnungstüchtigkeit, die an dem Zustandekommen der guten That wesentlich participiren[90]). Wenn man will, kann man darin allerdings einen Rückzug erblicken

---

[89]) Das dürfte wohl nach den Ascharîja das unterscheidende Merkmal der guten von der bösen That gewesen sein, welches Averroes, a. a. O. S. 104 in die Kategorie des Widersinnigen verweist.

[90]) Or Adonai II, Absch. 5, Cap. 6 Ende עַל הֱיוֹת הַגְּמוּל אִם הָרָצוֹן וְעַל הַשִּׂמְחָה. Dieses ist wohl als ἓν διὰ δυοῖν zu fassen, d. h. also mit »freudigem Wollen« zu übersetzen, da man doch רָצוֹן füglich nicht mit »Willensfreiheit« übersetzen kann.

und diese Freudigkeit im Wollen, welche das Zustandekommen der Handlung mitveranlasst, mit der von ibn Roschd gegebenen Definition der Willensfreiheit, die darin besteht, dass die Existenz der von unserem Willen herrührenden Handlungen durch die beiden Dinge, durch unsern Willen und durch die äusseren Ursachen zugleich eintritt[91]), identificiren; allein zwingende Gründe zu einer solchen Identificirung liegen um so weniger vor, als sich Crescas nachträglich auf seine Erklärung der göttlichen Strafe, dass sie wie das Verursachte aus der Ursache folge, die doch darauf hindeutet, dass er auf seiner Negirung der Freiheit verharrt, so sehr versteift[92]).

Um noch die Analyse, die Crescas für die psychische Seite des menschlichen Willens gegeben hat, kurz zu berühren, wollen wir nur darauf hinweisen, wie er trotz seiner offenkundigen Absichtlichkeit gegen Aristoteles, die in seinem Or Adonai so vielfach zu Tage tritt, hier wiederum unbeanstandet, ja vielleicht gar ungeprüft die aristotelische Annahme, dass der Wille ein psychischer Vorgang sei, der durch die Association des instinctiven Wollens mit dem menschlichen Intellect hervorgerufen wird, acceptirt und auf de Anima verweist[93]).

---

[91]) Philosophie und Theologie S. 100.
[92]) Vgl. Joel, Chasdai Crescas S. 53.
[93]) Aristot. de Anima III, 10. Deutlicher ist diese Definition ausgedrückt bei Alex. Aphr. de fato § 12. In der von Arist. angeführten Stelle de Anima III, 10 heisst es: ὥστε εὐλόγως ταῦτα δύο φαίνεται τὰ κινοῦντα, ὄρεξις καὶ διάνοια πρακτική, worunter aber nicht die eigentliche προαίρεσις, das τὰ ἐφ' ἡμῖν zu verstehen ist, denn was er für die eigentliche προαίρεσις hält, sagt er Eth. Nic. VI, 2. τρία δ' ἐστὶν ἐν τῇ ψυχῇ τὰ κύρια πράξεως καὶ ἀληθείας, αἴσθησις νοῦς ὄρεξις. Auch das von Aristoteles hervorgehobene Factum, dass der Mensch, nach getroffener Wahl, die Erfüllung dieses Willens-

Zu seinem grossen Lehrer Chasdai Crescas steht, in Bezug auf die Auffassung der Willensfreiheit, Joseph Albo, der berühmte Verfasser des Ikkarim — lebte von 1360 bis 1444 — im krassen Gegensatze. Hatte Crescas die Natur des Möglichen schlechthin geleugnet, so unterzieht Albo — aus Rücksicht und schuldigem Pietätsgefühl natürlich ohne Namensnennung — die Crescas'sche Negationstheorie einer schonungslosen Kritik, indem er sie in das Gebiet der Phantasmogerien verweist. Steht Albo nun auch, was Geistestiefe, Originalität, gelehrte philosophische Terminologie und Präcision betrifft, unter dem Niveau eines Maimonides, Gersonides und Crescas, so entschädigt er uns einerseits durch die Eleganz und sprachliche Finesse eines musterhaften hebräischen Stils[94]), der selbst durch eine sichtbar selbstgefällige Recapitulirung des Gesagten, deren unvermeidliche Folge die Monotonie zu sein pflegt, keinen Abbruch erleidet, anderseits aber durch seine Anspruchslosigkeit, die sich namentlich dadurch documentirt, dass er wie Horaz von sich sagen konnte »nullius addictus jurare in verba magistri«, und daher nicht durch originell sein wollende Hypothesen zu brilliren und seine Leser zu bestechen sucht, vielmehr nur die Quintessenz der Ideen der gesammten jüdischen Religionsphilosophie, sofern sie seinem eminent religiösen Standpunkt entsprachen, zu einem religionsphilosophischen System, zu einem harmonischen Ganzen verwirken will, was ihm auch, wie dies die grossartige Verbreitung, die

---

entschlusses ersehnt, vgl. Eth. Nic. III, 5 »ἐκ τοῦ βουλεύσασθαι γὰρ κρίναντες ὀρεγόμεθα κατὰ τὴν βούλευσιν«, kennt Crescas. Vgl. Or Adonai II, Abschn. 5, Cap. 2. These 3.

[94]) Darin unterscheidet sich namentlich Albo von der ängstlichen Prägnanz und beabsichtigten Knappheit, in der Ausdrucksweise seines Lehrers Crescas, besonders günstig.

sein Ikkarim gefunden hat, beweist, glänzend gelungen ist. Der Gegensatz zwischen Lehrer und Schüler spitzt sich in der Auffassung der Freiheit dergestalt scharf zu, dass, wenn Crescas in der Negation der Freiheit in der jüdischen Philosophie für ein isolirt dastehendes Extrem gilt, dessen Schüler Albo gerade in ihrer **positiven** Begründung und Verallgemeinerung unter allen jüdischen Religionsphilosophen wohl am Weitesten gegangen ist. Albo hat das Freiheitsprincip als solches in gewissem Sinne mehr denn alle seine jüdischen Vorgänger betont, und es in das nach unserer Auffassung einzige richtige Licht gesetzt. Bei ihm nämlich verliert die Willensfreiheit den ihr bis dahin zuerkannten vorwiegend religiösen Character; sie tritt aus der Reihe des theologischen Dogma hinaus und wird ein auf dem consensus gentium beruhendes allgemein menschliches Lebensprincip, der Untergrund der socialen [95]) und sittlichen Weltordnung in erster Linie, sodann aber Grundvoraussetzung jeder Religion, ohne die eine Religion gar nicht gedacht werden kann.

Freilich gewinnt die Freiheit scheinbar ihre dogmatische Gestalt wieder, wenn sie Albo dem dritten Cardinalprincip des Judenthums — Lohn und Bestrafung als Endzweck des Gesetzes —, ohne das eine Religion undenkbar ist und von dem sie einen integrirenden Bestandtheil ausmacht, subordinirt [96]); allein Albo selbst

---

[95]) Gerade dieser Punkt ist von den jüdischen Religionsphilosophen nicht genug beachtet worden. Denselben Gedanken, dass Fatum und Gesetz sich schroff gegenüber stehen, hat auch schon Alex. Aphr. angeregt. Vgl. de fato § 36 ἐναντία γάρ εἱμαρμένη τε καὶ νόμος.

[96]) Vgl. Albo Ikkarim I Cap. 9 ולוה הוא מבואר שלא כיון יפה מי ששם הבחירה והתכלית התחלות לדת אלהית, כי אף על פי

hat bereits (Ikkarim Abschn. IV, Einl.) den dogmatischen Unterschied zwischen Lohn und Strafe einer- und der Willensfreiheit anderseits dahin präcisirt, dass ersteres Princip bei ihm ausdrücklich als Glaubensgrundsatz auftritt, während letzteres nur als ein der Recompensation nothwendig vorangehendes oder, wenn man will, aus ihr resultirendes Princip in die Behandlung dieses Themas mitaufgenommen werden musste. Weit markanter aber ist noch die ebenfalls von Albo herrührende Unterscheidung dieser beiden Principien, dass nämlich die Recompensation, wenn sie sich auch auf alle Menschen erstreckt, für die Juden, die ja unter der besonderen Aegide Gottes stehen, eine spezifischere Bedeutung erhält, etwa die einer ausserordentlichen Gnadenbezeugung, während die Wahlfreiheit den exclusiv jüdischen Character vollständig verliert, vielmehr, weil sie den Grundzug jedes Einzelindividuums bildet, das gleichmässig vertheilte Gemeingut der Gesammtmenschheit ist, so dass sie Albo zurecht ihrer ihr bis dahin anhaftenden jüdisch-dogmatischen Hülle entkleidet. Seine Beschränkung des menschlichen Willens durch die Dreitheilung aller menschlichen Handlung: in solche, die aus absoluter Freiwahl, oder aus Verhängnissbeschlüssen, oder auch theilweise aus diesen und theilweise aus jener erfolgen, ist nur insofern als wirkliche Beschränkung anzusehen, als er directe, von der Vorsehung ausgehende Beschlüsse, ja sogar die Constellationsbestimmungen — letztere nicht so apodictisch — über den freien Willen des Menschen stellt [97]).

שהבחירה קודמת לה בהכרח איננה התחלה אליה במה שהיא אלהיה אבל היא התחלה אליה מצד שהיא התחלה לכל הפעולות וההסכמות האנושיות וההנהגות הנמסיות (νόμιος) שיתוקן בהם הישוב המדיני שאי אפשר זולתה

[97]) Es ist diese Concession, mit der er den irrigen Anschauungen

Joseph Albo bildet die natürliche Grenze der jüdischen Religionsphilosophie des Mittelalters; in ihm findet sie ihren würdigen Abschluss, wenn überhaupt von einem naturgemässen, vollentwickelten Abschluss die Rede sein kann; denn die jüdische Religionsphilosophie erscheint uns nicht als ein für sich abgeschlossenes, abgerundetes Ganzes, sondern als ein unfreiwillig abgebrochenes Fragment. Wie es nun eine ausnahmslose Regel in der Culturgeschichte der Juden ist, dass die Philosophie bei ihnen sich nur unter günstigen politischen und socialen Verhältnissen einer gedeihlichen Pflege und Fortentwickelung erfreut, so wurde durch die Beraubung der politischen Freiheiten der Juden auf der pyrenäischen Halbinsel, der Gährungsprozess der jüdischen Religionsphilosophie, der in den beiden Ausläufern der jüdischen Philosophie des Mittelalters, Chasdai Crescas und Joseph Albo, einen so schönen und normalen Verlauf genommen hatte, in seiner weiteren Entwickelung gewaltsam gehemmt. Das für die Juden so verhängnissvolle Jahr 1492 hat in Spanien und Portugal 100,000 jüdische Seelen verschlungen; mit diesen wurde auch die jüdische Religionsphilosophie — ein gut Stück universeller Culturgeschichte — vorzeitig zu Grabe getragen.

---

seiner Zeit den schuldigen Tribut zahlt, um so merkwürdiger, als er, der sich doch sonst so skeptisch und reservirt den Astrologen gegenüber stets verhält, die Constellation selbst über den menschlichen Willen stellt, was doch nicht einmal der Stockastrologe Gersonides gethan hat. Man muss wohl annehmen, dass sich Albo von der Tragweite dieses Satzes keine genügende Rechenschaft gegeben hat.